lonely planet

DE CERCA
COPENHAGUE

AF276733

Abigail Blasi

Sumario

Arriba: **Rundetårn (p. 66)**.
Abajo: **Dansk Arkitektur Center (p. 44)**.

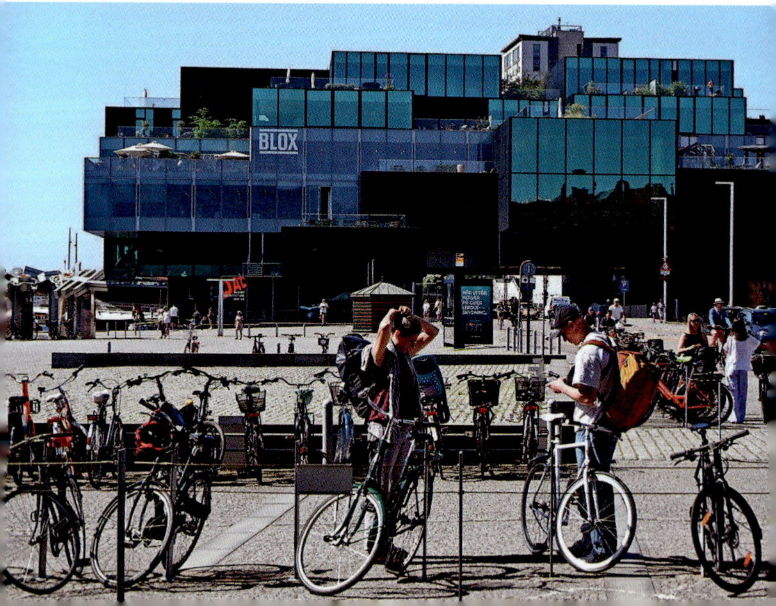

Explora Copenhague **33**

Guía práctica **143**

DESDE LA IZDA.: DIEGO GRANDI/SHUTTERSTOCK ©, BUMBLE DEE/SHUTTERSTOCK ©

★ Imprescindible

Merece la pena

El viaje empieza aquí

Copenhague conjuga la serenidad del *hygge* (el concepto danés asociado a la calidez o el bienestar) con la energía de una capital creativa con mucho para explorar: fascinante arquitectura contemporánea, magníficos museos, barrios con casitas multicolores del s. XVII y una oferta gastronómica excepcional. Casi todo el mundo se mueve en bici, se puede nadar en el puerto, y reina un curioso ambiente que hace que pasar tiempo aquí sea una gozada. Esta guía es el aliado perfecto para descubrir las muchas facetas de Copenhague, tanto si apetece tomar una cerveza artesana en Nørrebro o empaparse de la historia del palacio de Christiansborg.

Abigail Blasi
@abi.where

La autora de esta guía quedó prendada de la capital danesa después de que su marido fuera destinado aquí por trabajo y, desde entonces, pasa en este maravilloso destino tanto tiempo como le es posible.

Palacio de Christiansborg (p. 51).

LO MEJOR

Experiencias gastronómicas

Copenhague se ha reinventado en las últimas décadas, erigiéndose en un centro de diseño y de innovación culinaria. Su oferta abarca desde repostería tradicional a restaurantes de nueva cocina nórdica con estrellas Michelin como Kadeau y Geranium.

Empezar el día probando la famosa bollería tradicional danesa, aún más deliciosa si cabe en panaderías de nueva generación como **Juno the Bakery.** (p. 124)

———

Hincarle el diente a un *hot dog* danés (posiblemente el mejor del mundo), a escoger entre los puestos *gourmet* que hay repartidos por la ciudad y los carritos de **DØP.** (p. 67)

———

Emular a los daneses almorzando un *smørrebrød* (sándwich abierto)

cargado de ingredientes dispuestos con visos artísticos. Pruébese **Orangeriet.** (p. 113)

———

Saciar el apetito con una suculenta hamburguesa; las de **POPL** (p. 98), discípulos de Noma, se cuentan entre las mejores.

———

Deleitarse con el artístico menú de 50 pasos de **Alchemist** (p. 99; fotos), uno de los templos epicúreos locales.

———

Compartir mesa en **Kanalhuset.** (p. 96)

Dcha.: 'hot dog' danés.

LO MEJOR

Diseño

El diseño danés tiene la habilidad de hacer que la cotidianeidad sea más fácil y atractiva, tanto si se habla de parques como de un simple plato. Sus diseñadores de mediados de siglo son iconos internacionales a los que se debe buena parte de la estética local.

Recorrer un pasillo repleto de emblemáticas sillas, maravillarse en una sala llena de curiosidades y probar a diseñar una lámpara en el **Designmuseum Danmark.** (p. 78)

───────────

Buscar inspiración decorativa peinando tiendas como **Illums Bolighus** (p. 70; foto arriba), unos grandes almacenes dedicados al diseño local.

Dejarse cautivar por la antigua casa de Finn Juhl, magníficamente conservada como parte del museo de arte **Ordrupgaard.** (p. 126; foto arriba)

───────────

Asistir a la comunión de color, diseño y arquitectura que acontece ante las inmaculadas estatuas del **Thorvaldsens Museum.** (p. 58)

Dcha.: Designmuseum Danmark (p. 78).

Bebidas

Los bares pueden tener el ambiente cargado (en algunos todavía se permite fumar), lucir una estética escandinava, girar en torno a la cerveza artesana o, sencillamente, ser cálidos y acogedores. Hay, además, un número considerable de establecimientos de barrio que sirven excelente café de especialidad.

Visitar el modernísimo **Home of Carlsberg** (p. 137), donde además de recorrer con un circuito la cervecería fundada por Carl Jacobsen (hoy vacía), se puede reservar una cata.

Descubrir un típico bar copenhaguense (p. ej., el **Bo-Bi Bar,** p. 73): tradicional a la vieja usanza, de iluminación tenue e impregnado de humo.

Probar el *babushka* de **Darcy's Kaffe** (p. 124), un café exprés y un cortado servidos simultáneamente.

Tomar vinos naturales elaborados por pequeños productores en **La Banchina** (después de una sauna; p. 96), sentado junto al canal en verano o en su acogedor interior en invierno.

Dcha.: Bo-Bi Bar (p. 73).

LO MEJOR

Experiencias insólitas

Es impensable que una ciudad tan creativa como esta ande escasa de experiencias singulares, todas permeadas del espíritu de sostenibilidad y reutilización tan presentes en la cultura de Copenhague.

Almorzar sobre la marcha con **Cykelkokken** (p. 71), un insólito recorrido en bicicleta encabezado por un chef que va parando en distintos puntos de Christiania.

Visitar **Cisternerne** (p. 137; foto arriba), una antigua cisterna situada debajo de un parque en Frederiksberg; hay que ponerse zuecos para ver sus curiosas instalaciones.

Sudar en una sauna con vistas en **La Banchina** (p. 96) antes de zambullirse en las gélidas aguas del puerto y tomar una copa de vino natural.

Remar por el puerto de Copenhague en una excursión organizada por **Kayak Republic.** (p. 58)

Nadar en la **Vandkulturhuset** (Casa de la Cultura del Agua; p. 97) de Papirøen, inaugurada en el 2025.

LO MEJOR

Museos

Interactivos, creativos e innovadores a fin de insuflar vida a las historias que relatan, los museos de Copenhague albergan tesoros extraordinarios, desde obras de arte halladas en turberas a la primera máquina de cifrado Enigma de la historia.

Descubrir la brujería vikinga en la exposición del **Nationalmuseet.** (p. 39)

___

Saberlo todo sobre la resistencia danesa en el **Frihedsmuseet** (p. 84), que ofrece vívidos relatos de la ocupación nazi del país.

___

Reflexionar sobre las comunicaciones, la IA, el código Enigma y mucho más en el poco visitado **Enigma Museum** (p. 122), ubicado en Østerbro.

Quedar desconcertado ante los distintos ángulos y suelos en pendiente del **Dansk Jødisk Museum** (p. 59), que desentraña la historia de los judíos daneses, incluidas las penurias de quienes trataron de huir a Suecia en la II Guerra Mundial.

___

Asomarse a la vida de un militar y observar la colección de armas del **Tøjhusmuseet.** (Museo del Arsenal Real; p. 59)

Tøjhusmuseet (p. 59).

KLINCHEVRUSLAN/SHUTTERSTOCK ©

LO MEJOR

Arquitectura

Dotada de innovadores ejemplos arquitectónicos que siempre tienen muy presentes a los residentes, Copenhague ha sido designada Capital Mundial de la Arquitectura por la UNESCO del 2023 al 2026.

Hacer una ruta en bici o al trote por lo más destacado de la arquitectura local o por algunos de sus rincones menos conocidos en un circuito organizado por el **Dansk Arkitektur Center.** (p. 44; foto arriba)

―――――――――

Fascinarse ante las líneas depuradas de la formidable **Grundtvigs Kirke** (p. 117), cuyas viviendas aledañas fueron diseñadas en consonancia con su arquitectura neogótica.

Quedar embelesado al admirar la abrumadora cúpula de la **Marmorkirken** (p. 83) desde su interior.

―――――――――

Contemplar las controvertidas **Kaktus Towers** (p. 136), las flamantes viviendas estudiantiles de aspecto dentado que dominan el puerto junto a Vesterbro.

―――――――――

Vagar por las inmediaciones del **Rosenborg Slot** (p. 103; foto arriba), un castillo bordeado de un foso en medio de un parque formal.

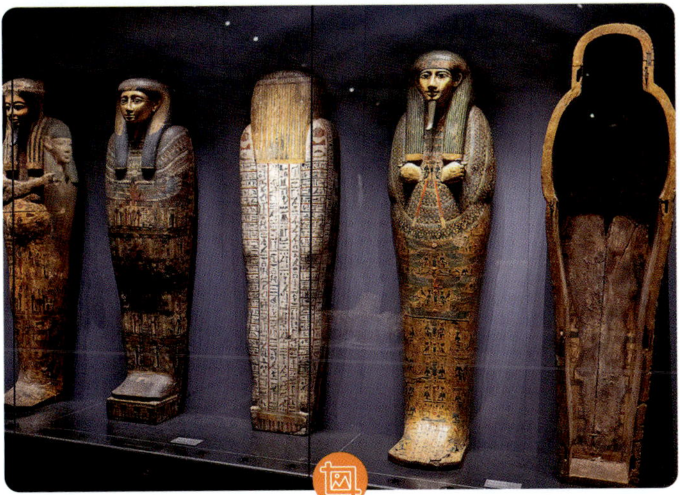

MICHAEL GORDON/SHUTTERSTOCK ©

Ny Carlsberg Glyptotek (p. 41).

LO MEJOR

Galerías

Copenhague tiene numerosas galerías y museos de bella factura arquitectónica repletos de obras maestras y con exquisitas colecciones de artistas internacionales, además de impresionantes espacios de arte contemporáneo.

Salir de la ciudad para visitar el **Museo de Arte Moderno Louisiana** (p. 21), con salas y jardines perfectamente integrados.

Ver la luminosa galería y el jardín de invierno en la **Ny Carlsberg Glyptotek** (p. 41), y contemplar a grandes de la pintura francesa y antigüedades egipcias.

Admirar geniales lienzos de Van Gogh en el **Ordrupgaard** (p. 126), así como la magníficamente preservada antigua casa de Finn Juhl.

Maravillarse en el **Thorvaldsens Museum** (p. 58), donde cada sala muestra un deslumbrante despliegue de arquitectura clásica.

Descubrir el conjunto formado por la ampliación de cristal y el palacio decimonónico que albergan el **Statens Museum for Kunst.** (p. 106)

Observar los imponentes espacios ocupados por instalaciones del **Copenhagen Contemporary.** (p. 95)

LO MEJOR
Al aire libre

Los daneses son muy dados a disfrutar de puertas afuera todo el año. Basta con ponerse ropa adecuada y ¡descubrir el entorno natural de la ciudad! Eso sí, algunas de estas propuestas son mucho más tentadoras en los meses más cálidos.

Ir de pícnic con **GoBoat** (p. 97), una empresa de alquiler de barcas con timonel.

Nadar en las aguas del puerto de Copenhague, con fabulosas zonas de baño gratuitas, incluida la céntrica **Islands Brygge Havnebadet.** (p. 97)

Apuntarse a una excursión en kayak organizada, p. ej., por **Kayak Republic.** (p. 58)

Esquiar en una de las capitales más llanas del planeta gracias a la pista artificial de **CopenHill** (p. 96), sobre una planta de tratamiento de residuos.

Realizar un circuito en bici por la ciudad (muy recomendable la ruta del puerto), ya sea por libre o con agencias como **Cycling Copenhagen.** (p. 71)

Jardines del Tivoli (p. 37).

BBA PHOTOGRAPHY/SHUTTERSTOCK ©

Lo mejor
para niños

Subirse a atracciones trepidantes, dar un tranquilo paseo en un encantador tiovivo y vivir muchas otras experiencias inolvidables en los **Jardines de Tivoli** (p. 37), uno de los lugares preferidos de los niños daneses.

———————

Explorar el arrebatador acuario **Den Blå Planet** (p. 139), sinónimo de tanques llenos de tiburones y resplandecientes paisajes acuáticos.

———————

Pasar una verdadera jornada de exploración en el **Experimentarium** (p. 123), con tres plantas repletas de diversión interactiva.

———————

Vestirse de vikingo y pasarlo pipa a bordo de un barco o asistir a una clase en una escuela decimonónica en el ala infantil del **Nationalmuseet.** (p. 39)

———————

Tomar el tren al **Louisiana** (p. 21), hacia el norte, con una excelente sección infantil, varias plantas y estudios, además de un jardín escultórico y una instalación de Yayoi Kusama.

Lo mejor
gratis

Asombrarse ante la amplitud y el detallismo de la **Davids Samling** (p. 110), reparando en las dificultades que debió de plantear en el s. xix trasladar piezas de semejante tamaño.

———————

Darse un chapuzón en zonas portuarias habilitadas para el baño, como la gratuita **Islands Brygge Havnebadet.** (p. 97)

———————

Sumergirse en la historia de **Nyhavn** (p. 82), el histórico puerto de Copenhague, engalanado con coloridas casas del s. xviii y cimbreantes barcos.

———————

Dar un garbeo por el puerto para ver **'La sirenita'** (p. 84), un emblemático icono de Copenhague que suele ser blanco de chanzas y lugar de protestas.

———————

Subir en telesquí a lo alto de **CopenHill** (p. 96), la sorprendente pista de esquí situada en la parte superior de una planta de tratamiento de residuos, con fantásticas vistas del puerto y la ciudad.

Tres días perfectos

Además de una amplia oferta para elegir, la compacta Copenhague tiene una excelente red de transportes que permite abarcar mucho en poco tiempo.

Nyhavn (p. 82).

PRIMER DÍA

Si solo se dispone de un día

MAÑANA

Se compra un rollito de canela en **Sankt Peders Bageri** (p. 72), la panadería más antigua de la capital, antes de descubrir **Rosenborg Slot** (p. 103) y sus joyas de la corona. Se enfila hacia **TorvehallerneKBH** (p. 108; foto arriba), un mercado techado ideal para tomar algo o almorzar tras recorrer sus puestos *gourmet*.

TARDE

Tras pasear por el encantador aunque turístico **Nyhavn** (p. 82), se dedica la tarde a ver el arte del **Ny Carlsberg Glyptotek** (p. 41) o a admirar los tesoros vikingos del **Nationalmuseet** (p. 39).

NOCHE

El día termina en los **Jardines del Tivoli** (p. 37), donde además de atracciones, hay opciones gastronómicas y actuaciones en directo.

SEGUNDO DÍA	TERCER DÍA

Un fin de semana

MAÑANA

Se inicia el día probando la bollería de **Hart Bageri,** antes de subir a la **Rundetårn** (p. 66), una torre con vistas sobre la ciudad. Tras ver las pintorescas tiendas y casas del Barrio Latino, se admira la **Vor Frue Kirke** (p. 70).

TARDE

Tras explorar los edificios del **Christiansborg Slot** (p. 51), que se conocen como Borgen, se visitan las dependencias estatales y los establos, así como las excavaciones acometidas para, luego, adentrarse en la **Marmorkirken** (iglesia de Mármol, p. 83).

NOCHE

Se cena en alguno de los restaurantes modernos de **Kødbyen** (barrio de los Mataderos; p. 136), o en **Sanchez** (p. 140), en pleno centro de Vesterbro, y se termina la noche en un bar de la zona.

Una escapada

MAÑANA

Se visita el **Dansk Arkitektur Center** (p. 44), o BLOX, con vistas al puerto y muestras en clave de arquitectura. Desde allí hay un corto paseo hasta la **Det Kongelige Bibliotek** (p. 55; foto arriba), también denominada el Diamante Negro, y el formidable **Thorvaldsens Museum** (p. 58).

TARDE

Se almuerza a la vera de los geniales **lagos de Copenhague** (p. 110), a tiro de piedra de las *boutiques vintage* y anticuarios de Nørrebro. La siguiente parada es el excelente **Enigma Museum** (p. 122), muy cercano.

NOCHE

Como colofón, se cena en algún fantástico restaurante de Nørrebro como, p. ej., **Paesàno,** en la atractiva **Jægersborggade** (p. 122).

Con más tiempo

La ruta por Christianshavn comienza saboreando la repostería de **Lagkagehuset** (p. 98), a lo que sigue un paseo por el bucólico barrio alternativo de Christiania. No hay que olvidarse de explorar la antigua zona industrial de Refshaleøen (al norte de Christianshavn, con su propio mercado) y la enorme **Copenhagen Contemporary** (p. 95). En invierno se recomienda almorzar en Connie-Connie, el café de la galería. Después, se puede disfrutar de una sauna y un baño vespertino en **La Banchina** (p. 96), seguido de un tentempié en su espléndida enoteca. Al caer la noche se cena en la **Kanalhuset** (p. 96),

una preciosa casa reconvertida junto a un canal de Christianshavn.

Turno para los bares, *boutiques* y el mercadillo del fin de semana de Østerbro. Luego, se pone rumbo al norte, para ver el novedoso barrio de **Nyhavn** (p. 82), seguido del **Dyrehaven** (parque de los Ciervos, p. 126) y el sensacional museo de arte **Ordrupgaard** (p. 126).

Con menos prisas, cabe hacer una excursión para salir de la ciudad, p. ej., al **Museo de Arte Moderno Louisiana** (p. 21), que queda a un cómodo trayecto en tren.

La Banchina (p. 96).

TRIBUNE CONTENT AGENCY LLC/ALAMY STOCK PHOTO ©

Una excursión

Se toma el tren para ir al **Louisiana** (foto arriba), un estupendo museo que constituye toda una experiencia en sí, por más que uno no sea un entusiasta del arte. Encaramado en un promontorio costero con vistas a Suecia, sus vistosas galerías están dispuestas de manera ideal para salir al jardín escultórico. Ponen la guinda un fabuloso café y una tienda, más una sección infantil.

Quienes lleven ropa de baño podrán ponerse a remojo en la playa al pie del museo.

En un día de lluvia

La oferta es también amplísima con lluvia: los chaparrones no impiden que los residentes sigan con sus actividades habituales (provistos de un buen impermeable, eso sí). No obstante, si no apetece enfrentarse a las inclemencias del tiempo, hay montones de museos y galerías, como el vanguardista **Statens Museum for Kunst** (p. 106; foto arriba), con una extensa y variada colección de arte y un encantador sentido de la luz y el espacio.

El **Nationalmuseet** (p. 39) también incluye muchos alicientes, lo mismo que la **Ny Carlsberg Glyptotek** (p. 41), con un soberbio jardín de invierno bajo una cúpula de cristal que hará que el visitante crea estar a la intemperie.

📋 Prepararse

ANTES DE PARTIR

Tres meses antes
Reservar mesa con máxima antelación en restaurantes con estrellas Michelin (Geranium, Koan, Alchemist).

Una o dos semanas antes Reservar mesa en restaurantes populares de nivel y sacar entradas para espectáculos musicales o festivales.

Unos días antes
Comprar en línea la Copenhagen Card y descargarse la *app* para poder utilizarla en el aeropuerto (válida en transportes y atracciones).

Costumbres

Cruzar en rojo está mal visto: lo indicado, por más que no haya vehículos a la vista, es esperar a que el semáforo de peatones esté en verde.

Los trenes y circuitos se rigen por una puntualidad máxima, algo que se extiende de manera similar al ámbito social.

Al brindar es costumbre exclamar *"skål!"* (¡salud!) y mirar a los presentes a los ojos.

Comer temprano

En Copenhague se almuerza en torno a las 12.00 y se cena entre las 18.00 y 21.00. Aunque hay restaurantes que admiten clientes hasta más tarde, la cocina de muchos establecimientos cierra sorprendentemente temprano, de ahí que si uno quiere sentarse a cenar tenga que acudir normalmente antes de las 21.00. Mucho más tarde cierran, por supuesto, los locales de comida rápida y para llevar.

Conviene saber

Muchos museos y puntos de interés cierran los lunes; consultar el horario antes de ir.

En los alrededores de Istegarde, en Vesterbro, se sitúa el barrio rojo de la ciudad, que no llega a ser peligroso pese al ambiente sórdido que reina de noche.

Quienes opten por moverse en bici deberán ceñirse a las normas locales para no suponer una molestia para el resto. Se ha de circular por el lado derecho de las vías habilitadas expresamente, señalizar con el brazo izquierdo la intención de detenerse, respetar los semáforos e indicar con suficiente antelación que va a realizarse un giro.

A fin de proteger la intimidad de las personas, los daneses esperan a que se les pida ayuda en vez de apresurarse a echar una mano a alguien que, p. ej., vaya cargado y desee subir unas escaleras.

PROPINAS

En general, nadie deja propina en Copenhague.

Poco habitual

Hoteles
No se espera.

10 %

Restaurantes
Por un servicio excelente.

Poco habitual

Taxis
Se puede redondear la tarifa al alza.

Poco habitual

Bares y cafés
No se espera.

PRESUPUESTO DIARIO

Económico Hasta 1500 DKK

- Dormitorio colectivo en albergue: **150-300 DKK**
- Habitación doble en hotel económico (baño compartido): **800-1000 DKK**
- Comida asequible: **hasta 150 DKK**
- Alquiler de bicicleta: **150 DKK/día**
- Bono de transporte 24 h: **80 DKK**

Medio Entre 1500-4000 DKK

- Habitación doble en hotel de tres estrellas: **1500-2500 DKK**
- Menú de tres platos: **400-700 DKK**
- Entrada a museo: **150-250 DKK**

Alto Más de 4000 DKK

- Entrada al Tivoli con acceso ilimitado a las atracciones: **279 DKK**
- Habitación doble en hotel de lujo: **desde 2100 DKK**
- Menú degustación en restaurante de categoría: **desde 3500 DKK**

Moneda
Corona danesa (DKK)

Idioma
Danés

Hora local
Horario de Europa Central (GMT/ UTC + 1 h)

CONSEJO

Conviene hacerse con la Copenhagen Card *(copenhagencard.com)*, que además de dar acceso gratis a más de 80 museos y atracciones de Copenhague (incluidos el Tivoli, el Nationalmuseet y los palacios reales), permite hacer trayectos ilimitados en el transporte público.

📅 Cuándo ir

En Copenhague, el tiempo es más agradable de mayo a septiembre. Y si bien la ciudad se amodorra en invierno, Tivoli luce entonces su versión más atractiva y proliferan las pistas de hielo.

En primavera (desde abr aprox.) se observa un renovado sentido de alegría, y la gente empieza a frecuentar las terrazas. A finales de primavera es el momento más idóneo para zambullirse en las zonas de baño. En verano, al ser más largos los días, se puede abarcar mucho más. En invierno, se combaten los cortos días con actividades sugerentes; el Tivoli es especialmente atractivo en Navidad.

Fechas señaladas

Julio El **Copenhagen Jazz Festival** se celebra en escenarios al aire libre y a cubierto repartidos por toda la ciudad. En enero y febrero tiene lugar la edición invernal (solo en interiores).

Agosto El **Copenhagen Cooking,** el mayor festival gastronómico de Escandinavia, abarca desde demostraciones de cocina a cargo de prolíficos chefs a una mareante oferta de talleres y circuitos. Es la ocasión perfecta para darse un festín entre daneses y forasteros en mesas compartidas o, por qué no, para hacer una cata de *kombucha* en una fábrica.

Febrero y agosto El **Orgullo de Copenhague,** la mayor cita de la comunidad LGTBIQ+, se festeja dos veces al año con música, fiestas y proyecciones de películas, además de foros políticos y culturales. El desfile del Summer Pride, celebrado un sábado por la tarde, sale de Frederiksberg y termina en Rådhuspladsen. Se trata del mayor evento gratuito del Orgullo en toda Escandinavia.

Clima

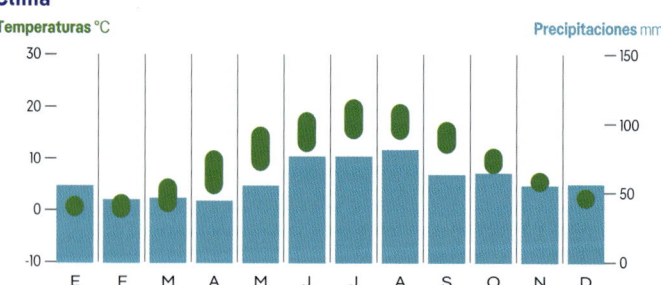

Temperaturas °C   Precipitaciones mm

ANDERS DREJER MADSEN/SHUTTERSTOCK ©

Fiesta del Orgullo de Copenhague.

Agosto Kultur Havn ofrece tres días en clave de cultura, con una programación gratuita de teatro, danza, música, deportes y desfiles en una zona cubierta de césped junto al puerto.

Eventos artísticos y poco convencionales

Mayo/junio Distortion es una descomunal fiesta de la música *dance* que celebra durante cinco días la vida callejera y la cultura discotequera de Vesterbro y Nørrebro. No faltan las comidas comunitarias y actividades para los peques.

Mayo Celebrado durante tres días en un taller ferroviario reconvertido al sur de Vesterbro, el **Ølfestival,** o Festival de la Cerveza de Copenhague, incluye catas, demostraciones y música en directo.

Agosto Strøm, el festival de música electrónica más destacado de Escandinavia, se prolonga durante cinco días en agosto.

Julio/agosto El **Copenhagen Opera Festival** es una celebración operística de 11 días que se programa en escenarios como mercados, edificios históricos e incluso barcos.

CONSEJO SOBRE ALOJAMIENTO

Los hoteles más codiciados hay que reservarlos con meses de antelación. Ahora bien, que Copenhague sea una ciudad abarcable, con una excelente red de transportes, propicia que uno pueda hospedarse en zonas más retiradas y desplazarse en transporte al centro, lo que permite ahorrar dinero.

✈ Cómo llegar

La capital danesa cuenta con una excelente red de transporte público. La mayoría de los viajeros llega en avión al aeropuerto (lufthavn) de Copenhague, a un corto trayecto en tren o metro del centro urbano. Quienes lleguen en tren se apearán en la København H (estación Central).

Del aeropuerto al centro

Tren

Los convoyes (dsb.dk) conectan la terminal de llegadas con la estación Central (Københavns Hovedbanegården o København H) cada 10 min. El trayecto dura 14 min (30 DKK). Los horarios los tiene rejseplanen.dk.

Metro

Operativa las 24 h, la red de metro (intl.m.dk) ofrece servicios cada 4-20 min entre la terminal de llegadas del aeropuerto (estación Lufthavnen, línea M2, billete sencillo 30 DKK, 1-4 zonas) y la parte este del centro. Esta línea es útil para ir a Christianshavn, el centro, y Nyhavn; hay que apearse en Kongens Nytorv para Nyhavn, que además conecta con las líneas M3 (circular) y M4. La M3 da servicio a Vesterbro, Nørrebro y Østerbro, mientras que la M4 llega a la zona portuaria de Nordhavn. Ambas líneas pasan por København H. El trayecto entre el aeropuerto y Kongens Nytorv dura 14 min.

Taxi

El viaje del aeropuerto al centro (300 DKK) dura 20 min, dependiendo del tráfico.

Otros puntos de entrada

København H

Todos los trenes de larga distancia llegan y salen de la estación Central. Hay servicios directos tanto desde Malmö y Estocolmo (Suecia) como desde Hamburgo (Alemania), con conexiones con París y otras ciudades francesas. A finales del 2025 debería haber una conexión directa con Ámsterdam. El puente de Oresund permite cruzar a Malmö en tren o automóvil.

Ferri

Copenhague ofrece servicios directos de ferri a/desde Oslo (Noruega). También se puede navegar a Suecia desde Helsingør, a 55 min en tren de la capital. La travesía a/desde Helsingborg es de 20 min.

🚋 Cómo desplazarse

La eficiente (y asequible) red de transportes local está magníficamente integrada por el metro (24 h), fiables trenes y autobuses, carriles-bici, sistemas de bicicletas compartidas y una flota de ferris.

Bicicleta

Copenhague rivaliza con Ámsterdam como la ciudad del mundo mejor adaptada a las bicicletas. Es llana, cuenta con anchos carriles-bici, y moverse por ella es rápido y sencillo. Más allá de las muchas tiendas y hoteles que las alquilan, existen varios sistemas de bicis compartidas, entre ellos Donkey Republic, que permite alquilarlas durante el período deseado y devolverlas en otro lugar. También las hay eléctricas, incluidas las de Lime, que destacan por su flexibilidad. Fuera de hora punta se pueden llevar bicis tanto en el metro y el S-tog (cercanías) como en los ferris.

Metro

La envidiable red de metro opera con trenes sin conductor que circulan las 24 h (cada 2-6 min de día y cada 7-20 min de noche). Consta de cuatro líneas. Lufthavnen, que es el final este de la M2 (amarilla; para el aeropuerto), conecta en Kongens Nytorv (14 min) con la M3 (roja), cuyas 17 estaciones trazan una ruta circular que tarda 28 min en recorrerse.

ARRIBA: BUMBLE DEE/SHUTTERSTOCK ©

'APP' ESENCIAL

Además de ser de gran utilidad a la hora de planificar viajes y comparar tarifas, la aplicación de Rejseplanen permite comprar billetes.

S-tog

La red de cercanías se compone de siete líneas que pasan por la estación Central (København H). Hay convoyes entre dicha estación y el aeropuerto.

Tren ligero

Especialmente útil para desplazarse a la periferia, el Greater Copenhagen Light Rail es un nuevo servicio ferroviario que debería estar operativo a finales del 2025. Sus 28 km de trazado enlazarán Lyngby, en el norte, con Ishøj (para el Arken Art Museum y la playa), en el sur, efectuando parada en 29 estaciones y convergiendo con seis líneas del S-tog. Los trenes circularán cada 5 min en hora punta.

Ferri

Movia gestiona los ferris urbanos, conocidos como "autobuses del puerto". La ruta 991 va al sur por el puerto; la 992, al norte. La tarjeta recargable *Rejsekort* es válida para este servicio.

Taxi

Además de poder pararlos por la calle, hay varias paradas repartidas por el centro. Todas las empresas (DanTaxi, Moove, Taxa 4x35, etc.) cuentan con su propia aplicación. Viggo es un servicio alternativo que ofrece exclusivamente vehículos eléctricos.

Información práctica

Máquinas de venta de billetes

Al estar integrados los billetes de la red de transportes, estos pueden utilizarse tanto en el metro y los autobuses como en los trenes y los ferris. Antes de subirse al medio en cuestión, habrá que disponer de un billete que deberá ser validado. Hay una oficina de venta de billetes de DSB en el aeropuerto y en la estación Central. Los billetes se pueden comprar –con efectivo o tarjeta– en las máquinas expendedoras y en los quioscos 7 Eleven de las estaciones de tren y de metro; y en el caso de los autobuses, también a bordo (hay que llevar suelto). Los billetes siempre han de llevarse consigo por si los solicitara un inspector.

Aplicación DOT Tickets

Para ahorrar tiempo al viajar en transporte público, lo mejor es descargarse esta práctica *app* que permite comprar billetes, consultar horarios y planificar rutas directamente en el móvil. Incluye todas las zonas metropolitanas y, además, sirve para pagar compras de manera rápida.

Aplicación y tarjeta Rejseplanen

Otra forma de comprar billetes es usando la *app* Rejseplanen. También existe la tarjeta Rejseplanen Anonymous (las estándar precisan un número de teléfono danés), a la venta en las máquinas expendedoras específicas de las estaciones de metro, la estación Central o el aeropuerto; basta pagar una fianza de 80 DKK e ir recargándola cuando sea necesario, aunque solo sale a cuenta para estancias prolongadas.

PRECIOS

Billete sencillo (2 zonas)
24 DKK

Alquiler de bicicleta (1 h)
39 DKK

Alquiler de bicicleta eléctrica
75 DKK

--- **VIAJAR SIN BILLETE** ---

Se penaliza con multas de hasta 1000 DKK.

BILLETES

Tipo de bono (City Pass)	City Pass Small (zonas 1-4)	City Pass Large (zonas 1-99, incluye Selandia del Norte)
24 h	90 DKK	180 DKK
48 h	160 DKK	320 DKK
72 h	220 DKK	440 DKK
96 h	280 DKK	560 DKK
120 h	340 DKK	680 DKK

Hay billetes sencillos para 2, 3 o 4 zonas por 24, 30 y 40 DKK, respectivamente.

ZONAS TARIFARIAS

El área metropolitana de Copenhague consta de ocho zonas tarifarias (divididas a su vez en 99 zonas de menor tamaño). Las más grandes (1-4) abarcan toda la ciudad y la periferia; el aeropuerto, p. ej., corresponde a la zona 4.

Otra cara de Copenhague

En Copenhague aún hay bares en los que se puede fumar. Ahora bien, este no es el único aspecto curioso de la ciudad.

Bodegas cargadas de humo

Sorprende que entre las tabernas de esta ciudad –que apuesta por un estilo de vida saludable– sigan existiendo pequeños establecimientos en los que se permite fumar. **Bo-Bi Bar** (p. 73), **Andy's Bar** (p. 73), **Moose** (p. 73) y **Palæ Bar** (p. 73) son algunas de las mejores opciones para tomar algo en un ambiente insólito.

Arquitectura reciclada

Las obras de nueva construcción no siempre son lo que parecen. Un buen ejemplo es **Frøsilo,** en Islands Brygge, dos silos de cereales de la década de 1960 hoy reconvertidos en bloques de apartamentos de aspecto elegante. En **Superkilen** (p. 122), un enorme espacio público del barrio de Nørrebro, hay 99 elementos traídos de 50 países, incluidos fuentes marroquíes, un pulpo negro japonés que sirve de tobogán, y un cuadrilátero de boxeo tailandés. Y tanto en **Resource Rows** (Ørestad Syd) como en **Provianthuset** (Nordhavn) se han aprovechado paneles de ladrillos de la antigua cervecería Carlsberg.

Alumbrado público

En esta ciudad, todo está diseñado con gusto y las farolas y semáforos penden de cables elevados en vez de ocupar espacio en las aceras. Así, el diseño de Morten Lyhne para Thorn Lighting, a partir de un sofisticado sistema LED, evoca la forma de las lámparas de sodio que se empleaban antiguamente, hoy visibles, p. ej., en **Vesterbrogade.** Los senderos y carriles-bici cuentan con iluminación inferior: suave, cálida y muy eficiente. También destacan los sutiles sistemas de iluminación integrados en puentes para ciclistas como el **Cykelslangen** (p. 136).

FUERA DE RUTA

Ver las instalaciones de la **Cisterne** (p. 137), un espacio de arte situado bajo el parque Søndermarken.

Relamerse con los excéntricos circuitos para sibaritas de **Cykelkokken** (p. 71).

Visitar a un doble de Nixon, jugar a videojuegos antiguos y mucho más en el **Enigma Museum** (p. 122).

Pasarlo pipa en el **Konditaget Lüders** (p. 123): un híbrido de zona recreativa y gimnasio en una azotea.

OLIVER FOERSTNER/SHUTTERSTOCK ©

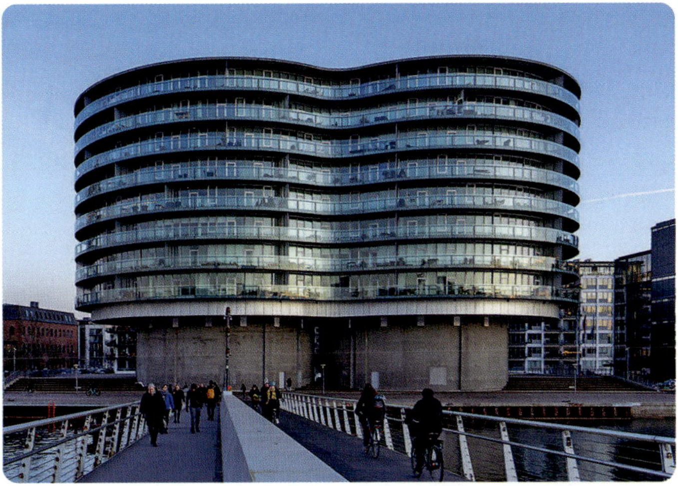

Frøsilo.

JOE DANIEL PRICE/GETTY IMAGES ©

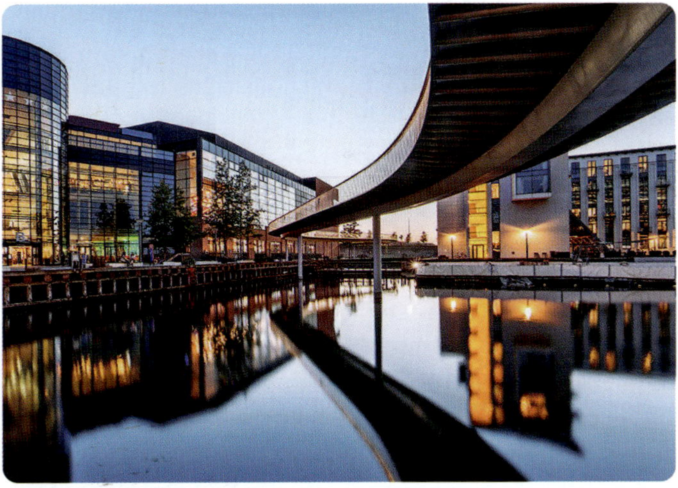

El Cykelslangen (p. 136).

Explora Copenhague

Merece la pena

Circuitos a pie

Gråbrødretorv (p. 70).
EQROY/SHUTTERSTOCK ©

Sugerencias de lugares para comer, beber y comprar en **p. 46**

Explora
Zona del Tivoli

Esta parte de la ciudad se arremolina en torno al histórico y extravagante parque temático conocido como Jardines del Tivoli, toda una institución danesa que forma parte de los recuerdos de la infancia de muchos copenhaguenses. Se construyó en lo que en tiempos eran las fortificaciones y el foso de la ciudad; este último, hoy convertido en un lago recreativo.

Mucha gente llega a este enclave céntrico tras pasar por la decimonónica estación Central. Justo enfrente del Tivoli se halla la Rådhuspladsen, la principal plaza de la ciudad, sede del Ayuntamiento y de varios museos, entre ellos el Nationalmuseet (repleto de tesoros vikingos) y la Glyptotek (un espectacular edificio mandado construir por Carl Jacobsen para alojar su colección de arte).

Cómo desplazarse

 **Autobús**

Los buses 10, 14, 6A y 26 circulan al oeste hacia Vesterbro y Frederiksberg. El 6A también para en el zoo. El 1A (sentido norte) lleva a Slotsholmen, Nyhavn, el Barrio Real y Østerbro; mientras que los 2A y 37 (sentido norte) se dirigen a Slotsholmen y Christianshavn.

 S-tog

Todas las líneas pasan por la estación Central y Vesterport. Para las estaciones Nordhavn y Svanemøllen, hay que tomar los trenes A, B, C o E; y para el Museo de Arte Moderno Louisiana, el tren regional de Helsingør a Humlebæk. Los servicios con destino a Malmö paran en el aeropuerto de Copenhague.

Jardines del Tivoli (p. 37).
BBA PHOTOGRAPHY/SHUTTERSTOCK ©

LO MEJOR

DIVERSIÓN EN FAMILIA
Jardines del Tivoli (p. 37)

MIRADOR
Torre del Rådhus (p. 44)

MUSEO
Nationalmuseet (p. 39)

CERVEZA ARTESANA
Taphouse (p. 47)

'SMØRREBRØD'
Lillians Smørrebrød (p. 46)

Zona del Tivoli

Halbo Plads
Gammel Strand
Amagertorv
Amagertorv

Christiansborg

SLOTSHOLMEN

Prinsensbro

Dansk Arkitektur Center

Nationalmuseet

H C Andersens Blvd

Museo de Copenhague

Ny Carlsberg Glyptotek

Dantes Plads

Ved Glyptoteket

STRØGET

Vor Frue Plads

Reloj Mundial de Jens Olsen

Rådhuspladsen

Rådhus

TIVOLI

Jardines del Tivoli

Barners Plads

Ørsteds Parken

H C Andersens Blvd

Vester Voldgade

Bernstorffsgade

København Hovedbanegård (estación Central)

Palads Teatret

Axeltorv

Vesterbrogade

Vesterport

Bane gårdspladsen

Reventlowsgade

Colbjørnsensgade

Helgolandsgade

Vester Farimagsgade

Hammerichsgade

Herholdtsgade

Vesterbrogade

Gammel Kongevej

Sankt Jørgens Sø

Planetario Tycho Brahe

Más información

400 m

N 0

⭐ **IMPRESCINDIBLE**

Jardines del Tivoli

Dominando el centro urbano, enfrente de la estación Central, se atisban las luces centelleantes y la caprichosa chinería de época de los Jardines del Tivoli *(entrada y bono adultos/niños 3-7 años 419/209 DKK),* inaugurados en 1843. Esta institución lo tiene todo, desde atracciones, una pagoda y pavorreales errantes a un coqueto teatro y un estanque.

PLANO: P. 36 **C3**

El corazón latente de Copenhague

Uno de los fundadores del Tivoli fue Georg Carstensen, quien se inspiró en los parques que había visto en el extranjero durante su juventud y en sus viajes durante el servicio militar. Toma su nombre de un parque de atracciones que había visto en París, así llamado a su vez por la famosa localidad italiana.

Los jardines abarcan 20 Ha y en su día estaban circundados por la muralla de la ciudad, derribada a finales del s. XIX. Las cúpulas bulbiformes y el contorno iluminado del Nimb Hotel se extienden por un costado de los jardines. Hay, además, un lago de 6000 m² que en tiempos era parte del foso.

Un paraíso de diversión

A los críos les fascinan tanto el "Cofre volador" (que se sumerge en el mundo de fantasía de Hans Christian Andersen) como unos cochecitos de época que recorren una ruta circular.

Para emociones fuertes está la Rutschebanen (montaña rusa), de 1914, que traquetea por vetustos raíles. El Himmelskibet es un impresionante carrusel que se eleva ofreciendo una panorámica de la ciudad, y la "Torre dorada" promete un espeluznante descenso desde 63 m de altura. El "Demonio" es una montaña rusa que traza tres bucles, mientras que en la adrenalínica "Águila" habrá que prepararse para realizar giros boca abajo.

CONSEJO

Como el Tivoli cierra tarde, una buena idea es acercarse a última hora, cuando se ilumina y organizan conciertos y espectáculos pirotécnicos.

Escanea este código QR para conocer los horarios y reservar con antelación.

ELROCE/SHUTTERSTOCK ©

UNA PAUSA
En el Tivoli hay
más de 60 sitios
para comer.
Junto al Nimb
Hotel se halla
una zona de
restauración que
sirve comida
rápida *gourmet,*
como *sushi,*
fideos, *pizza*
y *smørrebrød.*

"Villa Vendetta" es una 'casa encantada' (solo
mayores de 12 años acompañados de un adulto) en
la que actores protagonizan escenas escalofriantes.

Desde 'ballet' a pirotecnia
Hay fuegos artificiales todos los sábados por la
noche; y los viernes de verano, los conciertos de
"Fredagsrock" en el escenario Plænen, al aire libre.
No hay que olvidarse del teatro del Pavo Real, de 1874,
con un escenario exterior que acoge *ballet* en verano y,
cada tanto, decorados a cargo de la reina Margarita II.

Decoración cambiante
El Tivoli solo abre en Semana Santa, verano,
Halloween e invierno. En Navidad cierran muchas de
las atracciones exteriores, pero lo compensa su oferta
de ocio a cubierto y una pista de patinaje, sumada a
un mercado navideño, vino caliente y dulces típicos.

⭐ **IMPRESCINDIBLE**

Nationalmuseet

El Museo Nacional de Dinamarca *(adultos/niños 140 DKK/gratis)* ofrece un recorrido por mundos antiguos con frecuencia excavados en turberas repletas de armas y oro vikingos, así como exposiciones inmersivas en las que el pasado cobra vida. También hay un ala infantil con un sinfín de posibilidades para disfrazarse.

Entre otros tesoros se exhiben momias egipcias, interiores daneses de la década de 1970 y ornamentadas casas de muñecas.

PLANO: P. 36 **E3**

Valioso legado
El espectacular despliegue comienza en la planta baja con notables piezas de la Edad del Hierro. Más allá de las habituales selecciones de pedernales y fragmentos, contiene el increíblemente conservado carro solar de Trundholm (de 3500 años de antigüedad) y el caldero de Gundestrup, una historiada pieza hallada en un cenagal de Jutlandia Septentrional, realizada con 9 kg de plata y cuyo origen se asocia a la cultura tracia o celta.

Botín vikingo
La palma se la llevan los objetos vikingos del museo, incluidas enormes estelas rúnicas, un hacha grabada enterrada junto a un hombre relevante, un buque de guerra magníficamente preservado, considerables reservas de oro y escudos.

Escaleras arriba aguardan más maravillas vikingas. Para la exposición "Hechiceras vikingas" (programada hasta el 2027) se utiliza una audioguía que explica los pormenores de varias salas llenas de curioso material audiovisual. Tras esta sección más conceptual, hay una muestra interactiva con piezas que evocan los tiempos de estas *völvas* (hechiceras) vikingas.

CONSEJO
La Copenhagen Card da entrada al museo y las exposiciones. El museo puede recorrerse con circuitos accesibles mediante código QR o en una visita guiada estándar *(adultos 130 DKK)*.

Escanea este código QR para más información sobre el museo y sus horarios.

DIEGO GRANDI/SHUTTERSTOCK ©

UNA PAUSA
Junto a un sencillo café se halla el informal Restaurant Smör, que sirve cocina nórdica de calidad.

Aprender divirtiéndose

En el **ala infantil** del museo se puede asumir el papel de un maestro y sus alumnos en un aula del s. XIX, vestirse de vikingo a bordo de un barco y jugar a ser tendero. Se pueden pasar varias horas muy divertidas, sobre todo los menores de 12 años. Todo el mundo quedará impresionado ante el guisante del famoso cuento de Hans Christian Andersen.

Historia y diseño

La historia colonial del país cobra vida en la planta superior, donde se verán desde momias egipcias a bajorrelieves asirios. La apacible esencia del museo se disfruta especialmente entre su colección de casas de muñecas y curioseando por una típica sala de estar de los setenta.

⭐ **IMPRESCINDIBLE**

Ny Carlsberg Glyptotek

Carl Jacobsen, el magnate cervecero de Carlsberg, fue una persona excéntrica, apasionada de los viajes y el arte, que creía que la mejor forma de prestar un servicio público era compartiendo su colección privada de arte, lo que le llevó a fundar la Glyptotek *(adultos/niños 25 DKK/gratis).*

PLANO: P. 36 **D4**

Jardín de invierno

La Glyptotek es el clásico ejemplo del gusto maximalista de Jacobsen: un opulento edificio dispuesto en torno a un **jardín de invierno** acristalado, cuajado de palmeras, con piscinas, fuentes y estatuas de mármol. La cúpula de cristal adquiría especial importancia, pues en un principio estaba previsto que el museo abriera solo de día.

Tesoros antiguos

Flanqueado de estatuas clásicas, el **vestíbulo central** recuerda a una villa o un foro de la Antigua Roma. Lo diseñó Hack Kampmann en 1906 a modo de ampliación para albergar la colección de antigüedades de Carl y Ottilia Jakobsen. Varias estatuas son compuestas, debido a que Jacobsen no quería que ninguna efigie decapitada alterara la estética. El museo posee un fascinante sótano con momias egipcias y máscaras funerarias romanas.

La azotea y obras maestras francesas

Desde sus vetustos atrios se accede a la ampliación modernista de Henning Larsen, incorporada al patio del museo en 1996 y que, a su vez, permite **subir a la azotea,** con vistas a la ciudad. Aquí se podrá apreciar la luz tropical característica en los cuadros de Gauguin, más otros óleos de grandes pintores como Cézanne, Degas, Van Gogh, Monet o Morisot.

CONSEJO
Dedicar un mínimo de 2 h al museo. Es gratis el último miércoles de mes. En una terraza hay un café encarado al jardín de invierno.

Escanea este código QR para conocer los horarios y reservar con antelación.

Paseo por el Tivoli y alrededores

Considerado la pieza central de la ciudad, este barrio depara el fantástico batiburrillo de los Jardines del Tivoli, el excelente arte de la Glyptotek y las antigüedades del Nationalmuseet, amén de la plaza del Ayuntamiento. Es mucho menos residencial que otras partes de la urbe y en él priman las tiendas, los restaurantes y el bullicio.

INICIO	FINAL	DISTANCIA
Jardines del Tivoli	Ubbe's Vinhandel	1,4 km; 1 h

❶ Divina arquitectura

La ruta empieza frente a los **Jardines del Tivoli,** de éxito fulgurante entre los daneses desde su apertura el 15 de agosto de 1843. Hans Christian Andersen –quien lo visitó en repetidas ocasiones y era muy amigo de Georg Carstensen, uno de sus fundadores– tenía especial predilección por su pintoresca pagoda china, la cual sirvió de inspiración para el palacio del emperador en su cuento *El ruiseñor*. Si uno se pone de espaldas a las puertas, verá a la izquierda la torre del Radisson Collection Royal Hotel, diseñado por el genial Arne Jacobsen.

❷ Hans Christian Andersen

Se sigue Vesterbrogade en dirección este hasta el HC Andersens Boulevard. Y tras cruzar una calle ancha, se topa a mano derecha con una **escultura del escritor** (1965), con su nariz prominente y distintivo sombrero de copa.

❸ Centro urbano

Turno para la Rådhuspladsen, una **plaza** peatonal señoreada por el propio Rådhus (ayuntamiento), rematado a su vez por una alta y espigada torre del reloj. Constituye el corazón de la capital danesa y su diseño está inspirado en el Palio, la famosa *piazza* de Siena (Italia). Se puede comprar una entrada para subir a lo alto de la torre o sencillamente echar un vistazo al Reloj Mundial de Jens Olsen (junto a la entrada del consistorio).

❹ Fuente de los Dragones

En la plaza se sitúa la **Dragespringvandet,** una emblemática fuente, tan pequeña como fascinante, que representa un conjunto de dragones y toros que resuena con fuerza y dinamismo. Es obra de Thorvald Bindesbøll, el mismo diseñador del icónico logotipo de Carlsberg.

❺ Espíritu indomable

Desde la Rådhuspladsen se tuerce a la derecha por Vester Voldgade hacia Dantes Plads, desde donde se observan tanto la cúpula de la Ny Carlsberg Glyptotek como un llamativo **conjunto escultórico** con una mano con el dedo corazón hacia arriba. ¿Su razón de ser? Instalada para conmemorar los 700 años de la muerte de Dante, en una plaza inaugurada a su vez en recuerdo del 600 aniversario de la desaparición del poeta italiano, esta irreverente obra de arte público es un símbolo de protesta contra la empresa Q Park, la cual pretendía construir un aparcamiento aquí. Funcionarios con rostro de cerdo, un Dante afligido y el dedo en sí conforman la escena.

❻ Tomar algo junto al canal

Luego se va por Ny Vestergade, pasando junto al recomendable Nationalmuseet, antes de recalar en **Ubbe's Vinhandel,** una acogedora vinoteca ideal para picar algo regado con una copa de vino.

EXPERIENCIAS

Subir a la torre del Rådhus
VISTAS

Construido en 1905 en estilo román-tico nacional, el **Ayuntamiento** (PLANO: ❶ P. 36 **D2**; *kk.dk/brug-byen/ raadhuset*) es obra del arquitecto Martin Nyrop. Hay circuitos que suben los cerca de 300 escalones hasta lo alto de la **torre** (véase ❶; *circuito 40 DKK*), con fabulosas vistas de la ciudad.

La arquitectura de este edificio está influida tanto por las conven-ciones del estilo medieval danés como por las propias del norte de Italia, notable especialmente en su patio central engalanado con una fuente. Una efigie dorada del obispo Absalón, fundador de la ciudad en 1167, adorna la parte de la fachada situada sobre la entrada principal.

El objeto más famoso del Råd-hus es el curioso **Reloj Mundial de Jens Olsen** (PLANO: ❷ P. 36 **D2**), diseñado por este relojero (1872-1945) y cuyo coste ascendió a un millón de coronas. Además de la hora local, indica las horas solar y sideral, la salida y puesta del sol, los equinoccios, la revolución de los planetas, el calendario gre-goriano ¡y hasta los festivos!

Ver iconos locales en la Rådhuspladsen
PLAZA

PLANO: ❸ P. 36 **D2**
En la plaza enfrente del Ayuntamiento convergen la ajetreada calle Vestrobrogade y Strøget, una animada vía peatonal. Es el principal núcleo de la ciudad, y atesora varios iconos copenhaguenses, incluidos el Rådhus (1905) y una exquisita **estatua de Hans Christian Andersen.** A poca distancia se encuentra la **Dragespringvandet** (fuente de los Dragones).

Junto a la fuente hay un pilar de piedra que señala el antiguo emplazamiento de la **Vesterport** (puerta Oeste), cuando el centro urbano estaba amurallado. Se observan pilares idénticos en la **Nørreport** (puerta Norte) y la **Østerport** (puerta Este). Cerniéndose sobre la plaza se encuentran los **Sopladores de Lur,** las estatuas de dos vikingos que comparten pedestal; el instrumento que tocan es un *lur,* cuyo origen se remonta a la Edad del Bronce nórdica.

Lanzarse por un tobogán
ARQUITECTURA

PLANO: ❹ P. 36 **F4**
El BLOX es un edificio que no tiene desperdicio: un proyecto arquitectónico que parece creado con enormes bloques de Lego de cristal, pegado al puerto, junto al Diamante Negro. Además de albergar apartamentos y un gimnasio, es la sede del **Dansk Arkitektur Center** (DAC; *dac. dk; adultos/niños 115 DKK/gratis*). Fuera hay varias zonas de juegos; dentro, una fantástica librería especializada en arquitectura.

El centro en sí cuenta con una exposición permanente sobre arquitectura danesa y demás muestras temporales interactivas, además de un café en la azotea (p. 46) con bonitas vistas al puerto; y, lo mejor de todo, el serpenteante **tobogán de Carsten Höller,** que constituye la forma más divertida de bajar sus varias plantas. El DAC también organiza circuitos a pie, en bicicleta y trotando para ver lo mejor de la arquitectura contemporánea local.

Descubrir la historia de Copenhague

MUSEO

PLANO: **5** P. 36 **D3**

Sito en un edificio del s. XIX, el **Museo de Copenhague** *(cphmuseum.kk.dk; adultos/ niños 110 DKK/gratis)* contiene exposiciones estupendamente diseñadas sobre 14 importantes enclaves que esbozan la historia de la ciudad, incluidos Slotsholmen, la plaza del Ayuntamiento y los palacios reales. Hay una fabulosa maqueta de la capital y proyecciones sobre los fundadores de Christiania.

Ver un cine muy particular

LUGAR DESTACADO

PLANO: **6** P. 36 **C2**

Delante del Tivoli se yergue el vistoso **Palads Teatret** *(nfbio. dk),* un histórico cine local de 1918. Los tonos tornasolados que luce en la actualidad los pintó el artista Paul Gernes en 1989, en una época en que la ciudad parecía gris y descuidada. Y por más que su estética suscitara entonces controversia, cuando el grupo Bjarke Ingels propuso cambiar el aspecto del edificio, no tuvo más remedio que desestimar la idea para aplacar las protestas populares.

Ver el firmamento

PLANETARIO

PLANO: **7** P. 36 **A3**

Se pueden contemplar las estrellas, planetas y galaxias en el Space Theatre del **planetario Tycho Brahe** *(planetariet.dk; adultos/niños 195/125 DKK),* un espacio donde, además de reflexionar sobre el cosmos –gracias a sus inmersivas exposiciones temporales–, se puede ver *Cosmic Threads,* una mastodóntica instalación del artista Tomás Saraceno.

DEVASTADORA GUERRA

Aunque el Tivoli permaneció abierto durante la II Guerra Mundial, en ningún momento fue objetivo de los ataques perpetrados por los nazis durante la ocupación. Su principal teatro era el Glass Hall, un edificio muy oriental coronado por una cúpula de cristal, que los alemanes redujeron a cenizas durante la *Schalburgtage,* las represalias en venganza por los actos de sabotaje de la resistencia danesa. En 1946 se encargó de su reconstrucción el famoso diseñador Poul Henningsen (conocido por sus icónicas lámparas).

SUGERENCIAS

Lo mejor para...

€ Económico   €€ Medio   €€€ Alto

Localizaciones en el plano de la **p. 36**

Comer

Cafés

Lido €
8 E4

Desayunos, almuerzos y *brunches* a base de ricas tortitas rellenas y delicias horneadas, en un edificio clásico de interior minimalista. *8.00-17.00 lu, ju y vi, desde 9.00 sa y do*

DAC café €
9 F4

Genial café panorámico en la azotea del BLOX (accesible con entrada al DAC; p. 44). *8.00-22.00*

Lagkagehuset €
10 C3

Oportunamente ubicada frente a la entrada principal del Tivoli, junto a la oficina de turismo, esta sucursal de una cadena danesa de panaderías despacha certeros sándwiches y bollería. *7.00-17.30 lu-vi, hasta 17.00 sa y do*

Cocina danesa

Lillians Smørrebrød €
11 F4

Consolidada propuesta que sirve unos de los mejores *smørrebrød* del lugar. *9.00-14.00 lu-vi*

Grøften €
12 C3

El restaurante más antiguo del Tivoli es toda una institución que lleva agradando con clásicos patrios desde 1874. *12.00-22.00*

Kanal Caféen €€
13 E3

Otrora el clásico bar privativo de hombres, junto al canal, hoy recibe una ecléctica clientela que acude atraída por su aguardiente, cerdo asado, encurtidos y *smørrebrød*. *11.30-17.00 lu-sa*

Almuerzo

Propaganda €€
14 B3

Platos coreanos creativos en un espacio informal con cocina abierta. *17.00-23.00 lu-ju, hasta 24.00 sa y do*

Tivoli Food Hall €
15 C3

Accesible sin necesidad de pagar la entrada a los jardines, tienta con comida rápida *gourmet*, incluida *pizza* del Gorms, *smørrebrød* del Hallernes y las refinadas creaciones del BobbaBella. *11.00-21.00 do-ju, hasta 22.00 vi y sa*

Para darse un festín

Restaurant Mes €€€
16 C1

Caprichoso y fantasioso, con un muro verde cubierto de musgo, mucha luz natural y sofisticada nueva cocina nórdica relativamente asequible. *17.30-24.00 lu-sa*

Vækst €€
17 C1

Arrebatador invernadero con una sublime cocina nórdica y maridajes en consonancia. *12.00-23.00 lu-sa, desde 17.30 do*

Uformel €€€
18 C2

El elegante hermano menor del galardonado Formel B augura nueva cocina nórdica, menús degustación con ingredientes de temporada y diversos platillos. *17.30-24.00 lu-sa*

Beber

Ambiente LGTBIQ+

Oscar Bar & Cafe
19 D2

Al pie del Rådhus se encuentra este veterano café-bar de ambiente agradable, con sesiones de DJ los viernes por la noche. *11.00-24.00 do-ju, hasta 2.00 vi y sa*

Centralhjørnet
20 D2

Histórico bar LGTBIQ+ de ambiente distendido; esporádicamente hay música en directo, *jazz* y espectáculos de *drags*. *12.00-2.00 do-ju, hasta 4.00 vi y sa*

Never Mind
21 C1

La juerga dura hasta las tantas en este diminuto, escandaloso y divertidísimo bar LGTBIQ+ que suele estar abarrotado. *22.00-6.00 lu-vi, hasta 7.00 sa*

Cerveza

Byhaven – Pumpehuset
22 C2

Cervecería con terraza que ofrece actuaciones gratis en directo (desde 19.00). *15.00-hasta tarde mi-sa abr-sep*

Taphouse
23 D2

Amplia selección de cerveza artesana de barril y sesiones de catas. *15.00-24.00*

Cócteles

T37
24 C4

Vistoso bar de estética *art déco* en la antigua oficina de correos que hoy ocupa el cinco estrellas Villa Copenhagen. *16.00-24.00 ma-ju, hasta 1.00 vi, 17.00-1.00 sa*

Library Bar
25 C3

Paredes llenas de libros, ambiente exclusivo y frecuentes actuaciones de *jazz* para deleite de un público más bien maduro. *17.00-24.00 ma-ju, hasta 1.00 vi y sa*

Nimb Bar
26 C3

Muy propicio para tomar un cóctel o merendar con té bajo luces de araña de 1909, impregnado del ambiente fabuloso de los locos años veinte, en el hotel Nimb, un cinco estrellas junto a los Jardines del Tivoli. *7.00-22.00*

Café

Risteriet
27 C1

Aeropress, sifón japonés, café de filtro, *cold brew*... Los más cafeteros se encontrarán en su elemento. *9.30-17.00 lu-vi, 10.00-17.00 sa y do*

Living Room
28 D1

Sillones *vintage* de piel y paredes de ladrillo visto en un acogedor espacio de dos plantas con café y tentempiés de calidad. *9.00-23.00 ma-ju, hasta 22.00 lu, hasta 1.00 vi y sa, hasta 19.00 do*

Comprar

Politikens Boghal
29 D2

La mayor librería de Copenhague con títulos en varios idiomas lleva más de un siglo promoviendo la cultura. *9.30-19.00 lu-vi, 10.00-18.00 sa, hasta 17.00 do*

Wardrobe 19
30 D1

Moda de hombre de diseño atemporal: desde prendas a botas, pasando por sombreros y gafas de sol. *11.00-18.00 lu-vi, hasta 16.00 sa*

Sugerencias
de lugares para
comer y beber
en **p. 61**

Explora
Slotsholmen

Vista en un mapa, se diría que la ribereña Slotsholmen ("isla del Castillo") está rodeada por un foso cuando, en realidad, se trata de canales. La isla está dominada por los edificios palaciegos del Christiansborg Slot, donde pueden visitarse dependencias reales, cocinas, excavaciones subterráneas y establos, además de la sede del Gobierno, que resultará muy familiar a los entusiastas de la serie televisiva *Borgen*. Cerca está el Thorvaldsens Museum, una maravilla poco visitada que fue creada como precioso marco de la obra escultórica de un único artista. Aportan elegancia los relieves angulares de la Det Kongelige Bibliotek, cuya ampliación (el Diamante Negro) supuso el inicio de la regeneración del frente marítimo de Copenhague.

Cómo desplazarse

 Metro
La estación más cercana es Gammel Strand, en las líneas M1 (verde) y M2 (amarilla), que conecta con la M3 (roja) y la M4 (azul) en Kongens Nytorv.

 Barco
Los ferris urbanos recalan en la Det Kongelige Bibliotek. Hay que ir rumbo norte para Nyhavn, Operaen y Nodre Toldbod (Kastellet).

 Autobús
La ruta 1A va por el extremo norte de Slotsholmen hacia Vesterbro, previo paso por el Tivoli y la estación Central. Tomar el 1A en sentido norte para Østerbro y Nordhavn, o el 9A en sentido este para Refshaleøen.

Det Kongelige Bibliotek (p. 55).
THE NOMAD PHOTOGRAPHY/SHUTTERSTOCK ©

★
LO MEJOR

VISTAS
Torre del Christiansborg
Slot (p. 51)

PUNTO DE INTERÉS
Borgen (p. 51)

CAFÉ
Black Diamond Cafe (p. 61)

MUSEO
Thorvaldsens Museum
(p. 58)

ARQUITECTURA
Det Kongelige Bibliotek
(p. 55)

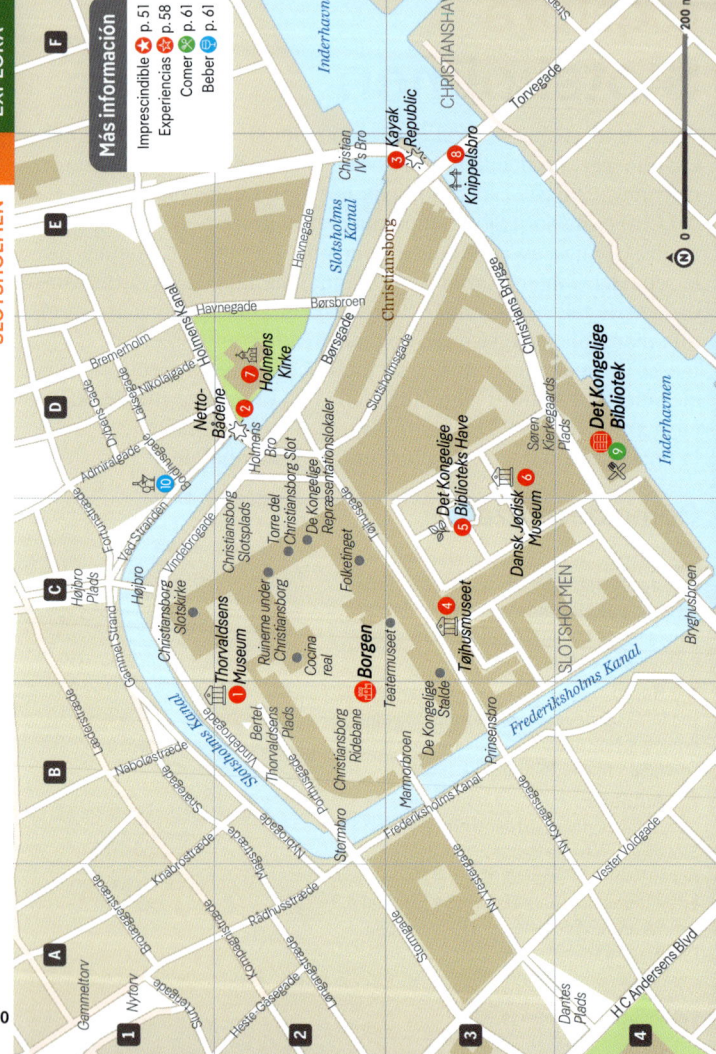

Más información

Imprescindible	⊗ p. 51
Experiencias	⊗ p. 58
Comer	⊗ p. 61
Beber	⊕ p. 61

Inderhavnen

CHRISTIANSHAVN

Tøngade

3 Kayak
Republic

8 Knippelsbro

Christian
IV's Bro

Slotsholms
Kanal

Havnegade

Børsbroen

Børsgade

Christiansborg

Slotsholmsgade

Christiansborg Slotsplads

Christiansborg Slot

Torre del
Christiansborg Slot

De Kongelige
Repræsentationslokaler

Folketinget

Ruinerne under
Christiansborg

Cocina
real

Borgen

Teatermuseet

Christiansborg
Ridebane

De Kongelige
Stalde

Tøjhusmuseet 4

Christians Brygge

Søren
Kierkegaards
Plads

Det Kongelige 9
Bibliotek

Inderhavnen

Det Kongelige 5
Biblioteks Have

Dansk Jødisk 6
Museum

SLOTSHOLMEN

Bryghusbroen

Frederiksholms Kanal

Marmorbroen

Frederiksholms Kanal

Prinsensbro

Stormbro

Vester Voldgade

H C Andersens Blvd

Dantes
Plads

Netto-
Bådene

2

7 Holmens
Kirke

Holmens
Bro

Holmens Kanal

Havnegade

Bremerholm

Laksegade

Dybens Gade

Admiralsgade

Vingårdsstræde

Store Strandstræde

Asylgade

10

Fortunstræde

Ved Stranden

Holbro

Holbro
Plads

Gammel Strand

Christiansborg
Slotskirke

Thorvaldsens 1
Museum

Bertel
Thorvaldsens
Plads

Nybrogade

Vindebrogade

Slotsholms Kanal

Snaregade

Magstræde

Rådhusstræde

Nabolbsstræde

Knabrostræde

Badstuestræde

Brolæggerstræde

Kompagnistræde

Hyskenstræde

Hestermøllestræde

Hestemøllestræde

Hestemøllestræde

Gåsegade

Nytorv

Gammeltorv

200 m

N 0

50

★ **IMPRESCINDIBLE**

Borgen

Popularizado por la famosa serie televisiva homónima, Borgen *(entrada combinada adultos/niños 215 DKK/ gratis)* es como comúnmente se conoce al Christiansborg Slot, sede de la oficina del primer ministro, el Folketinget (Parlamento danés) y el Tribunal Supremo, así como de las dependencias, cocinas y establos de la realeza.

PLANO: P. 50 **B2**

Visitar los establos reales

Cruzando unos arcos de piedra gris se llega al amplio patio principal del Christiansborg Slot, rodeado de árboles podados magistralmente. Y en lo que antiguamente era la real pista de equitación aún se ve caballos ejercitándose. Se pueden visitar **De Kongelige Stalde,** los establos, entre las partes del castillo mandadas construir por Cristián VI en la década de 1730 para reemplazar el más modesto castillo de Copenhague, erigido aquí previamente. Dentro del histórico edificio descansan hermosos caballos blancos: ejemplares checos que, aunque nacen negros, con el tiempo se vuelven blancos. Vale la pena fijarse en los carruajes reales, cuya última incorporación data del 2018.

Subir a la torre del Christiansborg Slot

Con una plataforma de observación abierta al público *(gratis)* desde el 2014, la **torre del Christiansborg Slot** es, con 106 m, la más alta de la ciudad. Basta tomar el ascensor (las escaleras nos son accesibles) para deleitarse con las amplias vistas que regala de la plaza del palacio de Christiansborg y los tejados de la capital. Se

CONSEJO
Si no apetece verlo todo, se pueden comprar entradas separadas para las diferentes secciones *(80-140 DKK);* los establos cierran antes.

Escanea este código QR para más información práctica.

HISTORIA DE LOS TAPICES

El Gran Salón del Christiansborg Slot atesora 11 tapices que desentrañan la historia del país. Son obra de Bjørn Nørgaard, quien pintó los bocetos que a la postre serían tejidos y transformados en varias piezas. Los encargó la patronal danesa coincidiendo con el 50° cumpleaños de la reina Margarita II; dado que tardaron 10 años en confeccionarse, se colgaron cuando la reina cumplió 60 años.

concluyó a principios del s. xx, cuando el palacio estaba siendo reconstruido por tercera vez. Como a veces sucede con esta clase de proyectos, se excedió el presupuesto inicial, con lo cual solo luce una corona en lugar de las tres previstas en un principio. También se abarataron costes al desestimar el uso de cobre para adornar el tejado, lo cual se remedió en 1937 tras lanzarse una campaña para recaudar fondos.

Visitar la iglesia real

La sobria **Christiansborg Slotskirke** acoge bautizos, bodas y funerales reales. El día de Carnaval de 1992, un cohete de un espectáculo pirotécnico incendió el andamiaje que rodeaba el templo durante unas obras de restauración y destruyó el tejado y la cúpula. Al no contar con los planos originales, los arquitectos documentaron sistemáticamente todos los restos carbonizados antes de reconstruir minuciosamente la capilla.

Curiosear por la cocina real

Siempre es interesante ver qué 'se cuece' entre bastidores. Y nunca mejor dicho, pues en la enorme **cocina real,** festoneada con un impresionante conjunto de cazuelas inmaculadas, el visitante se hará una idea del esfuerzo que supone preparar la cena de una gala real. Se verán incluso recetas desperdigadas.

Descubrir los salones de recepción reales

La parte más imponente del Christiansborg son **De Kongelige Repræsentationslokaler,** un conjunto de salas usadas por los reyes para celebrar banquetes y recibir a jefes de Estado. Se lleva la palma la Biblioteca de la Reina, realzada con una galería dorada, luces de araña, estucado, cigüeñas pintadas en el techo por Johannes

Larsen, y parte de la colección de libros antiguos de la familia real. El Gran Salón contiene una serie de coloridos tapices que repasa un milenio de historia danesa.

Ver los cimientos del palacio

Bajo Slotsholmen se encuentran las **Ruinerne under Christiansborg,** las oscuras pero evocadoras ruinas de la fortaleza primigenia (construida por el obispo Absalón en 1167) y del posterior castillo de Copenhague. Sus vestigios incluyen las murallas de ambas edificaciones, además de un pozo, el alcantarillado y mampostería de la torre Azul, de infausta memoria por haber sido el lugar donde Leonora Cristina, hija de Cristián IV, estuvo encarcelada por traición de 1663 a 1685.

UNA PAUSA
Además de saludables bocados ligeros, el **Black Diamond Cafe** ofrece vistas del puerto desde el sereno atrio acristalado de la Biblioteca Nacional.

SIMONE CRESPIATICO/SHUTTERSTOCK ©

FUEGO Y DESTRUCCIÓN

El castillo del s. XII de Absalón fue demolido y reconstruido en la década de 1500. Sometido a una remodelación barroca en el s. XVII, fue devastado por dos incendios antes de adoptar su aspecto actual.

FELIX LIPOV/SHUTTERSTOCK ©

Visita a Borgen

Los aficionados a la política disfrutarán visitando el **Folketinget** *(thedanishparliament.dk; circuitos gratis previa reserva),* donde debaten los 179 diputados del Parlamento danés. Los circuitos guiados incluyen la visita a la sala donde se exhibe el ejemplar original de la Constitución del Reino de Dinamarca, aprobada en 1849. Fuera de la temporada alta estival, las visitas suelen realizarse ciertos domingos y festivos a las 13.00; las fechas se publican en la web, donde también se formalizan las reservas.

Subirse a un escenario real

Fechado en 1767, el embriagador Hofteater (teatro de la Antigua Corte) ha sido escenario de toda clase de espectáculos, desde ópera italiana hasta compañías locales de *ballet,* incluida una en la que participaba un joven Hans Christian Andersen. Hoy forma parte del **Teatermuseet** *(hofteatret.dk),* o Museo del Teatro, cerrado en el momento de redactar esta guía.

⭐ **IMPRESCINDIBLE**

Det Kongelige Bibliotek

Esta biblioteca *(circuitos 15.00 lu; adultos/niños 120/60 DKK)* consta de las salas originales del s. XIX y su ampliación, el Diamante Negro (Den Sorte Diamant), en un evocador emplazamiento junto al agua. Además de su extraordinaria arquitectura, interesa ver las exposiciones del Museo Nacional de Fotografía.

Explorar el atrio del Diamante Negro

Fascinante desde cualquier perspectiva, el Diamante Negro luce una estilosa fachada recubierta de 2500 m² de granito negro de Zimbabue pulido en Italia. Atravesando su concurrido atrio, la vista se dirige inmediatamente hacia la pared de cristal encarada al puerto, que ocupa por completo la altura del edificio. Las vistas más espectaculares se obtienen desde la planta superior.

Visitar la biblioteca antigua

Cruzar la pasarela que conecta el ala nueva con la sección original es como retroceder en el tiempo, pues se pasa de la arquitectura del Diamante Negro al estilo clásico de la **biblioteca antigua.** No hay que perderse la **sala de lectura** norte, con lustrosos escritorios de madera y una vidriera por la que se filtra la luz, muy al estilo de Hogwarts.

Acompañado de un guía

Los lunes (15.00) y sábados (13.00) de julio y agosto se organizan interesantes visitas guiadas del Diamante Negro *(adultos/niños 120 DKK/gratis).* Son en danés o inglés (previa solicitud) e incluyen la entrada a las exposiciones de la biblioteca.

PLANO: P. 50 **D4**

CONSEJO
Se recomienda subir las escaleras mecánicas a la parte superior del atrio para disfrutar de las vistas y apreciar el contraste entre ambas partes del edificio.

Escanea este código QR para más información práctica y circuitos con audioguía.

CIRCUITO A PIE

Paseo por Slotsholmen

Cultura, política e historia danesa convergen en Slotsholmen, como se constata en esta ruta que permite cruzar sus canales por puentes históricos, recorrer los patios y soportales de Borgen, y descubrir la biblioteca más impactante de Copenhague, sin olvidarse de observar lo que se conserva de la antigua Bolsa del s. XVII.

INICIO	FINAL	DISTANCIA
Puente de Mármol	Børsen	1,25 km; 1 h

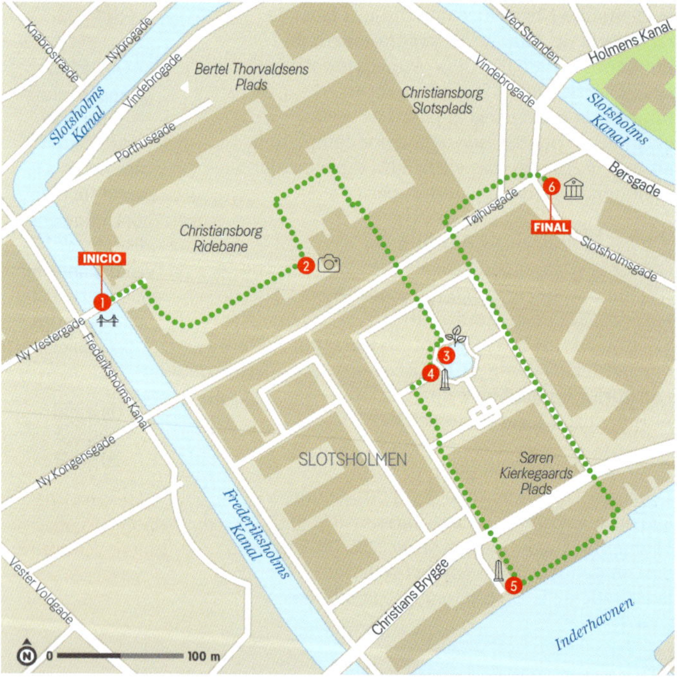

❶ Puente de Mármol

El paseo empieza en el **Marmorbroen,** un puente rococó de 1745 que constituye una de las contadas construcciones del Christiansborg Slot barroco que sobrevivieron al incendio de 1794. Enfrente se encuentra la sede del Parlamento danés.

❷ Establos reales

Cruzando el puente se llega al **complejo de la pista de equitación,** presidido por una estatua ecuestre de Federico VII, obra de Vilhelm Bissen.

❸ Jardín secreto

Luego, tras pasar bajo unos arcos, se gira a la derecha hacia el **Det Kongelige Biblioteks Have** (jardín de la Biblioteca Real), un recoleto espacio construido en el Tøjhushavnen, el antiguo emplazamiento del puerto de Cristián IV. Completa la escena una fuente diseñada por Mogens Møller que despide agua cada hora en punto.

❹ Una 'conversación' con Kirkegaard

Después toca sentarse junto a la estatua del filósofo **Søren Kirkegaard,** representado con un libro sobre su regazo. Parte del proyecto Talking Statues ("estatuas parlantes"), cuenta con un código QR que permite descargarse información en inglés sobre la figura de este, narrada por el propio Kirkegaard.

❺ La otra sirenita

Desde allí se continúa hacia el mar, dejando el Diamante Negro a la izquierda. Al cabo de un rato se verá la estatua de una **sirenita;** no se trata de la famosa, sino de una réplica, obra de Anne-Marie Carl-Nielsen. Más de un viajero se preguntará, desconcertado, por qué difiere de la versión que aparece en tantos imanes...

❻ Un icono presa de las llamas

Tras cruzar frente al Diamante Negro, se tuerce a la izquierda hacia el interior, pasando de nuevo junto al jardín antes de girar a la derecha para topar con los restos de la **Børsen,** la antigua Bolsa de Copenhague y la cámara de comercio en funcionamiento más antigua del mundo hasta que, en el 2024, sucumbiera a un devastador incendio provocado por un fallo eléctrico durante unas obras de restauración: una tragedia comparable a la sufrida con la parisina Notre Dame. Antes, el edificio lucía un chapitel de 56 m formado por las colas entrelazadas de cuatro dragones.

EXPERIENCIAS

Ver el sublime Thorvaldsens Museum
MUSEO

PLANO: **1** P. 50 **B2**

He aquí un museo que curiosamente se sitúa fuera del radar turístico pese a ser una maravilla en pleno centro. Y es que cuesta creer que el fascinante y singular **Thorvaldsens Museum** (*thor valdsensmuseum.dk; adultos/niños 100 DKK/gratis*) no esté abarrotado de gente. Está consagrado al escultor danés Bertel Thorvaldsen (1770-1844), quien decidió donar su obra al Estado. Pasó la mayor parte de su vida profesional en Roma y gozó de fama internacional. Los frisos que adornan el exterior del museo ilustran el regreso de sus obras desde la capital italiana.

Una de las particularidades de este lugar es que el arquitecto Michael Gottlieb Bindesbøll diseñó el edificio de estilo grecorromano para albergar la obra de su amigo escultor. En las salas mandan los tonos ocre, baya, mostaza y azul Francia, con azulejos de llamativos diseños en zigzag y techos estucados de estilo neoclásico, inspirados en los frescos descubiertos en Pompeya y Herculano. Una curiosidad: el hijo de Bindesbøll, Thorvald, fue el diseñador que creó el logotipo de la cerveza Carlsberg.

No hay que irse sin ver la 1ª planta, donde se exhiben las fascinantes colecciones arqueológicas del propio Thorvaldsen, que incluyen amuletos egipcios y tallas romanas.

Dar un paseo en barco
CIRCUITO

PLANO: **2** P. 50 **D2**

Netto-Bådene (*havnerundfart.dk; adultos/niños 60/30 DKK*) ofrece excelentes cruceros de 1 h por los canales y el puerto de Copenhague, lo que constituye una forma fantástica de ver desde el agua numerosos puntos de interés en un corto período de tiempo y, además, desde una perspectiva completamente distinta. La travesía abarca Nyhavn, la Holmens Kirke, Christianshavn, el teatro de la Ópera y *La sirenita*.

Se embarca junto a la Holmens Kirke (p. 60) y en Nyhavn (p. 82; con salidas todo el año). De octubre a marzo, los circuitos se realizan a bordo de embarcaciones dotadas de calefacción y techo de cristal. Consultar la web para horarios actualizados.

Recorrer el puerto en kayak
NAVEGACIÓN

PLANO: **3** P. 50 **E3**

Entre mayo y septiembre se puede hacer un circuito en kayak con **Kayak Republic** (*kayakrepublic.dk; alquiler 1/2/3 h 175/275/375 DKK; circuito guiado 2 h 395 DKK),* que ofrece salidas diarias de 2 h por los canales de la ciudad en las que no se requiere experiencia previa. También alquilan tablas de surf de remo y kayaks individuales o dobles, aunque para aventurarse a explorar por libre hay que presentar tanto un documento identificativo como el certificado EEP 2 o BCU 2.

Ponerse en la piel de un soldado en el Tøjhusmuseet MUSEO

PLANO: **4** P. 50 **C3**

No hace falta ser un fanático del mundo bélico para visitar el apasionante **Tøjhusmuseet** (Museo del Arsenal Real; *en.natmus. dk; cerrado lu*), instalado en un enorme edificio de 163 m de largo, con el mayor salón renacentista de Europa, construido por Cristián IV en 1600. Además de una impresionante colección de armas, se exhibe una bomba de la II Guerra Mundial. También hay búnkeres, una recreación de una base danesa en Afganistán y mucho más. Quienes lo deseen pueden subirse a un vehículo blindado alcanzado por una bomba colocada en el arcén mientras oyen el sonido de los helicópteros sobrevolándoles. Los peques pueden ponerse varios uniformes.

Relajarse en el jardín de la Biblioteca Real JARDÍN

PLANO: **5** P. 50 **C3**

Entre Borgen y la Biblioteca Real se encuentra una agradable sorpresa: el **Det Kongelige Biblioteks Have,** un tentador jardín cubierto de césped y tupidos árboles, rodea-do de edificios históricos. Creado en el Tøjhushavnen (el antiguo puerto) en la década de 1920, su estanque central se conserva como legado de su vida anterior. La columna de cobre situada en el centro es obra de Mogens Møller. El edificio de ladrillo rojo que ocupa la vetusta biblioteca es de 1906, mientras que las construcciones situadas a los costados alber-gaban el arsenal y el almacén de provisiones del antiguo puerto.

Explorar el Dansk Jødisk Museum MUSEO

PLANO: **6** P. 50 **D3**

En un antiguo edificio del s. XVII que en su día formaba parte del complejo portuario de Cristián IV se halla el fascinante **Dansk Jødisk Museum** *(jewmus.dk; adultos/niños 100 DKK/gratis),* un llamativo espacio de diseño geométrico, obra del estadounidense de origen judeo-polaco Daniel Libeskind, que ofrece un zigzagueante recorrido por la historia de los judíos en Dinamarca, además de narrar –mediante vívidos testimonios– cómo fue evacuada a Suecia el 90% de la población judía danesa en apenas dos noches en 1943. La entrada del museo está en el jardín de la Biblioteca Real, detrás del edificio en cuestión (la Kongelige Bibliotek).

Visitar la iglesia de la Real Armada

IGLESIA

PLANO: **7** P. 50 **D2**

La **Holmens Kirke** es una imponente iglesia de ladrillo rojo construida en el s. XVI junto a lo que en tiempos era una fundición de anclas. Data de entonces buena parte de su interior renacentista, que por suerte se conserva pese a haber sufrido dos graves incendios.

En 1641 pasó a ser la iglesia de la Real Armada. Su panteón contiene los restos del almirante Niels Juel, vencedor en la trascendental batalla que libró contra los suecos en la bahía de Køge, y de Peder Tordenskiold, quien lideró la victoria sobre Carlos XII de Suecia en el s. XVII. Margarita II y el príncipe Enrique contrajeron matrimonio aquí en 1967. Dos de sus elementos más destacados son el ornamentado retablo barroco y el púlpito de roble sin pintar. El barco votivo que pende de la nave es una maqueta del buque insignia de Niels Juel.

Ver el puente del billete de 200 coronas

PUENTE

PLANO: **8** P. 50 **E3**

Tendido entre Slotsholmen y Christianshavn se encuentra el **Knippelsbro,** un inconfundible puente con torres cardenillo, diseñado por Kai Gottlob. Dichas torres (impresas en los billetes de 200 DKK) se construyeron en un astillero próximo a Refshaleøen antes de revestirse de cobre. Con una altura de cinco pisos, albergan varias salas para diferentes usos (guardias, calderas, personal), destinándose las superiores –completamente acristaladas– a la autoridad portuaria. Una de ellas funcionó durante un tiempo como centro cultural, pero terminó cerrando en junio del 2024 tras una interminable batalla judicial entre la Culturetower y el Ayuntamiento.

 EL INCENDIO DE LA BOLSA DE COPENHAGUE

Erigida en el s. XVII durante el próspero reinado de Cristián IV, la Børsen se consideraba una obra cumbre del renacimiento holandés en Dinamarca, engalanada con bellos hastiales y un grácil chapitel de 56 m formado por colas de dragón. Su cámara de comercio era la más antigua de Europa. Sin embargo, todo esto cambió para siempre el 16 de abril del 2024, tras sufrir un devastador incendio. El 26 de septiembre, el rey Federico X colocó la primera piedra durante una ceremonia simbólica que daba inicio al laborioso proceso de reconstrucción, empleando materiales equivalentes a los originales utilizados hace cuatro siglos.

Lo mejor para...

€ Económico **€€** Medio **€€€** Alto

Localizaciones en el plano de la **p. 50**

Comer

Picoteo

Black Diamond Cafe €€

9 D4

Opción razonable para un almuerzo rápido y ligero, a base de ensaladas y sándwiches, más un rico surtido de tartas. *7.00-21.00 lu-vi, desde 8.00 sa*

Almuerzos informales

Kayak Bar €€

véase **3**

En una fantástica, y céntrica, ubicación junto al Slotsholms Kanal, este bar ofrece comida reconfortante y la posibilidad –en verano– de partir en un circuito en kayak desde aquí. *9.00-22.00 do-ju, hasta 1.00 vi y sa*

Beber

Vino

Ved Stranden 10

10 D1

Es el sueño de cualquier enófilo: acogedora enoteca pegada al agua y sin carta (los camareros hacen sugerencias según las preferencias del cliente). *15.00-22.00 lu-vi, 12.00-22.00 sa*

Christiansborg Slot (p. 51).

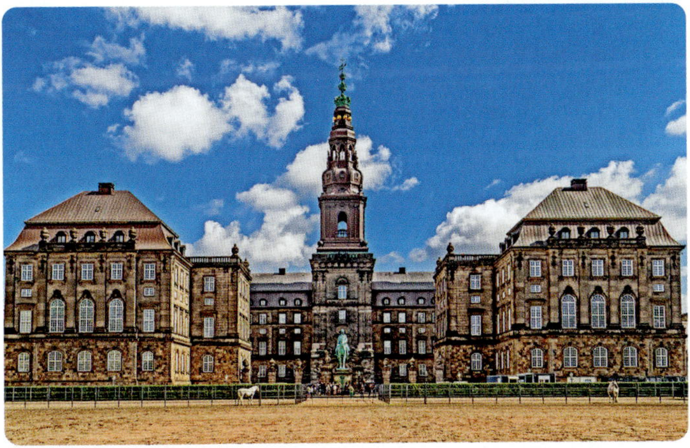

Sugerencias de lugares para comer y beber en **p. 72**

Explora
Strøget y alrededores

La peatonal Strøget secciona el casco histórico de Copenhague, desde Rådhuspladsen hasta Kongens Nytorv. Constituye la principal zona comercial de la ciudad, pero su verdadero encanto no se halla en dicha arteria, sino en las construcciones en tonos ocre y pastel del Barrio Latino, dispuestas en torno a la austera Vor Frue Kirke, una catedral que alberga esculturas del sublime Bertel Thorvaldsen. También en la zona se encuentra la curiosa Torre Redonda del rey Cristián IV (s. XVII), que ofrece amplias panorámicas de la ciudad. Al norte de la imponente atalaya aguardan callejas salpicadas de *boutiques,* mientras que al sur de Strøget (y en paralelo a esta) queda la peatonal Strædet, con algunos de los edificios más antiguos de la ciudad.

Cómo desplazarse

 **Autobús**

La línea 14 conecta Nørreport con Vesterbro, vía los Jardines del Tivoli y la estación central. La 5C y la 6A circulan por el límite occidental del centro urbano, efectuando parada en la estación de metro y cercanías Nørreport.

 Metro

La estación Kongens Nytorv está en el extremo oriental del centro urbano, en la intersección de las líneas M1/M2 y M3/M4; la Nørreport, al noroeste. Van a Christianshavn los trenes con destino a Lufthavnen y Vestamager; los de Lufthavn siguen hacia el aeropuerto.

LO MEJOR

VISTAS
Rundetårn (p. 66)

SÁNDWICHES
La Trinacria (p. 72)

TIENDA
Illums Bolighus (p. 70)

BAR INFORMAL
Andy's Bar (p. 73)

CAMINATA
Paseo por Strøget (p. 68)

Pozo de Caritas (p. 69).

PHOTO.ECCLES/SHUTTERSTOCK ©

A **B** S Nørreport **C** **D**

Vendersgade

ISRAELS
PLADS

1

IKONO 🏛 **10**

Linnésgade

Frederiksborggade

Hausergade

Hauser
Plads

Nørre Voldgade

Kultorvet

Pustervig

Rosengården

Fiolstræde

Ørsteds
Parken

Nørregade

Peder Hvitfeldts Stræde

2

BARRIO
LATINO

Rundetårn 🏛

23

Krystalgade

Kanikestræde

Barrio
Latino **1** 📷 **38** ☕

Larslejsstræde

3

*Sankt Petri
Kirke*
⛪ **12**

Skindergade

🍴 **25**

📷 **2**
Gråbrødretorv

*Vor Frue
Plads*

Teglgårdsstræde

Sankt Peders Stræde

22 🍴

Klosterstræde

11 ⛪
*Vor Frue
Kirke*

Larsbjørnsstræde

4

Studiestræde

STRØGET

Skindergade

Skoubogade

21 🍴

Vimmelskaftet

Badstuestræde

Vestergade

Nygade

Gammeltorv

Knabrostræde

5

Nytorv

27 🍴

Brolæggerstræde

Rådhusstræde

Más información

Imprescindible ✖ p. 66
Experiencias ✦ p. 70
Comer ✖ p. 72
Beber 🅱 p. 73

24 🍴

Kompagnistræde

6

Ⓜ

N 0 ——————— 200 m

Magstræde

18 🚲

A **B** **C** **D**

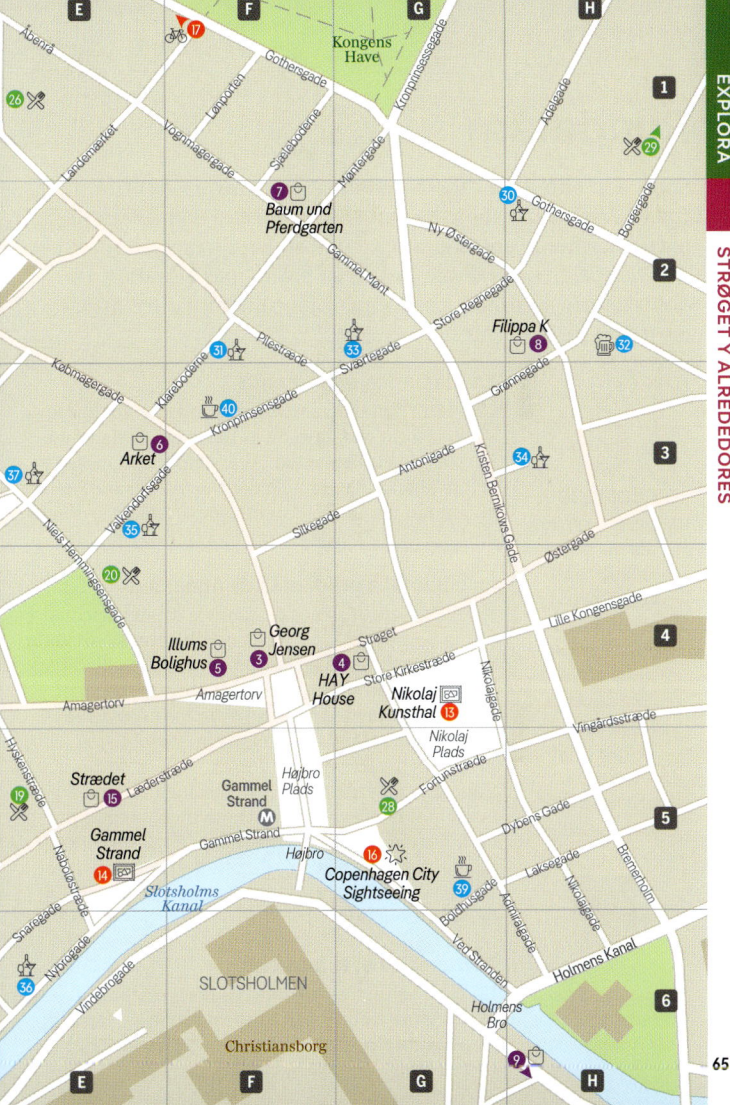

Kongens Have

7 Baum und Pferdgarten

30

Filippa K 8

32

33

31

40

6 Arket

37

35

34

20

Illums Bolighus 5

3 Georg Jensen

4 HAY House

Nikolaj Kunsthal **13**

Nikolaj Plads

Strædet **15**

19

28

Gammel Strand

Højbro Plads

Gammel Strand **14**

16 Copenhagen City Sightseeing

59

36

SLOTSHOLMEN

Christiansborg

Holmens Brø

9

26

17

29

1

2

3

4

5

6

Rundetårn

Subir a lo alto de la "Torre Redonda" *(adultos/niños 40/15 DKK),* construida en ladrillo y con una altura de casi 35 m, resulta particularmente entretenido, ya que en vez de escaleras, posee una rampa en espiral que llega a su punto más elevado y un observatorio astronómico que permite contemplar los astros los meses de invierno.

PLANO: P. 64 **D2**

CONSEJO

Llevar ropa de abrigo: arriba puede hacer fresco, pues la plataforma de observación está al aire libre. Quienes deseen utilizar el telescopio deberán concertar una visita nocturna.

Escanea este código QR para conocer los horarios y reservar con antelación.

Emblemático monumento

Cristián IV mandó construir la torre en 1642, como observatorio y atalaya de la Trinitatis, la flamante iglesia de la universidad. Al ascenderla, también se estará siguiendo la estela del caballo del zar Pedro el Grande y, según la leyenda, de un automóvil que en 1902 subió por la rampa en espiral.

La biblioteca predilecta de Andersen

El célebre autor danés de cuentos estaba fascinado por la Torre Redonda, de cuya **biblioteca –situada hacia la mitad de la rampa–** era usuario habitual. A su colección se le quedó pequeño el espacio, pero vale la pena detenerse a ver las exposiciones temporales. Al parecer, la torre fue uno de los primeros lugares que Andersen visitó al llegar a Copenhague y, de hecho, la menciona en repetidas ocasiones en sus poemas. Ahora bien, la obra por la que adquiere mayor relevancia es *El encendedor de yesca,* donde el autor llega a decir que el mayor de los perros tiene "los ojos tan grandes como la Torre Redonda".

Contemplar el firmamento

La torre sigue funcionando como excelente observatorio: el más antiguo en activo de Europa. El **planetario,** situado hacia la parte superior

CLOUDY DESIGN/SHUTTERSTOCK ©

de la rampa, estudia la posición de los planetas.
No aparece Urano, pues aún no había sido
descubierto en 1822, la fecha de la que data,
cuando reemplazó la versión anterior creada
por el astrónomo danés Ole Rømer.

El observatorio, techado, puede visitarse en
cualquier época. En cambio, para observar la
galaxia a través de su telescopio de 3 m montado en
la cúpula, lo mejor es ir en invierno.

Vistas

Aunque a medida que uno asciende va obteniendo
diferentes perspectivas, no se entiende de veras
la fascinación que sentía Hans Christian Andersen
por estas vistas de la ciudad hasta que alcanza
la parte superior.

UNA PAUSA
Los daneses
adoran las *pølser*
(salchichas)
y al lado de la
Torre Redonda
sirven unas de
las más sabrosas,
cortesía del
carrito de DØP,
donde todo es
ecológico.

CIRCUITO A PIE

Paseo por Strøget

No hay como explorar los monumentos y curiosidades de esta zona –en buena medida peatonal y repleta de tiendas– tachonada de fuentes simbólicas, arquitectura despampanante e históricas calles de casas con entramado.

INICIO	FINAL	DISTANCIA
Domhuset	Højbro	1,3 km; 30 min-1 h

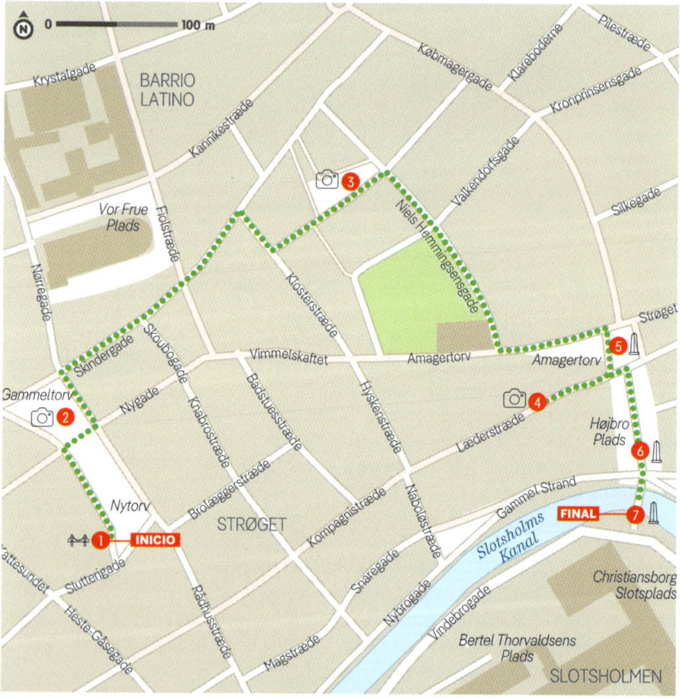

1 Puente de los suspiros

Construida en 1815 en estilo neoclásico, el Palacio de Justicia de Copenhague, o **Domhuset,** fue diseñado por C. F. Hansen, también artífice de la Vor Frue Kirke. Está unido por su propio "puente de los suspiros" a las celdas que hay cruzando la calle, en Slutterigade. Las palabras grabadas sobre la escalinata frontal (*Med Lov Skal Man Land Bygge,* "con la ley se construye el país") pertenecen al Código de Jutlandia, con el que se promulgó el código civil danés en 1241. Se puede echar un vistazo a su interior; la cafetería abre de 11.30 a 13.00.

2 Un pozo (ocasionalmente) lleno de manzanas

La exploración de Strøget arranca en Gammeltorv, la plaza mayor de la ciudad (s. XVI-XVII). El **pozo de Caritas** es la fuente más antigua de la capital, construida a instancias de Cristián IV y perteneciente, en su día, a la red de abastecimiento de agua. En fechas señaladas flotan danzarinas manzanas.

3 Dirigirse a la plaza de un monasterio

Se recorre Skingdergade, dejando la Vor Frue Kirke a la izquierda. Se tuerce a la derecha y, acto seguido, a la izquierda para llegar a **Gråbrødretorv** ("plaza del Fraile Gris"), así llamada por el monasterio enclavado aquí en el s. XIII. Fue reconstruido en dos ocasiones, tras ser devastado por un incendio en 1728 y bombardeado por los británicos en 1807.

4 Observar casas con entramado de madera

Se baja por Niels Hemmingsens Gade, a la derecha, hasta dar con **Læderstræde,** trufada de tiendas de cerámica y joyerías, y su prolongación: Kompagnistræde. Se verán casas medievales con entramado de madera, en los nº 23, 25, 31 y 33, todas ellas de la primera mitad del s. XVIII.

5 Ver las cigüeñas de la realeza

La siguiente parada es la **fuente de las Cigüeñas,** con la que la ciudad fue obsequiada en 1894 en conmemoración de las bodas de plata de los príncipes herederos Federico y Luisa. Sus cigüeñas de bronce simbolizan el amor y el inicio de una nueva etapa. Está en Amagertorv, una de las plazas más antiguas de Copenhague, ribeteada por edificios con gabletes.

6 Conocer al fundador de Copenhague

Se gira a la derecha hacia el paseo marítimo y, luego, se continúa hasta el **monumento al obispo Absalón,** quien fundó la ciudad en 1167.

7 Descubrir un tritón submarino

Finalmente, se echa un vistazo desde un lado del Højbro ("puente alto"), desde donde se observa una **escultura sumergida** que representa la historia de Agnete y el tritón, quien sedujo a la joven campesina para que viviera con él en el mar.

EXPERIENCIAS

Explorar el Barrio Latino ZONA

Es una gozada pasear por el **Barrio Latino** (PLANO: ❶ P. 64 **C3**), cuajado de casas de entramado de madera y fotogénicos recovecos llenos de historia, como **Gråbrødretorv** (PLANO: ❷ P. 64 **D3**), de mediados del s. XVII. Lindante con Nørre Voldgade al norte, Nørregade al este, Vestergade al sur y Vester Voldgade al oeste, el barrio debe su nombre a la existencia del viejo campus de la Københavns Universitet (Universidad de Copenhague), donde en tiempos el latín era una lengua muy hablada.

Comprar objetos de diseño escandinavo COMPRAS

Este barrio es la mejor zona de Copenhague para ir de compras, con tiendas repartidas por la peatonal Strøget y sus calles aledañas. Interesa hacer un alto en locales emblemáticos, como la tienda insignia de **Georg Jensen** (PLANO: ❸ P. 64 **F4**), un platero de talla mundial que vende desde anillos hasta su icónica bombonera bulbosa KOPPEL. Para otra clase de diseño cabe visitar tiendas asequibles de menaje contemporáneo como, p. ej., **HAY House** (PLANO: ❹ P. 64 **G4**). No desmerece tampoco el diseño patrio de los grandes almacenes **Illums Bolighus** (PLANO: ❺ P. 64 **F4**), mientras que para ropa económica está **Arket** (PLANO: ❻ P. 64 **E3**), parte del emporio de H&M, en la antigua sede del Museo de Correos y Telecomunicaciones. **Baum und Pferdgarten** (PLANO: ❼ P. 64 **F2**) ofrece prendas con cierto aire extravagante, divertido y subversivo.

Para surtirse de moda escandinava moderna, toca acercarse a la tienda principal en Dinamarca de la diseñadora sueca Filippa Knutsson, **Filippa K** (PLANO: ❽ P. 64 **H2**), con líneas para hombre y mujer; o a **GANNI Postmodern** (PLANO: ❾ P. 64 **H6**).

Vivir una experiencia inmersiva MUSEO

PLANO: ❿ P. 64 **C1**

Si se viaja con niños, un plan genial es ir a **IKONO** (*ikono.global; adultos/niños/menores de 3 años 199/138 DKK/gratis),* un museo inmersivo donde brincar entre montañas de bolas y recorrer salas iluminadas con coloridos neones o atestadas de globos metálicos. Hay 12 espacios, y aunque todo parece estar pensado para publicarse en Instagram, hará las delicias de niños y no tan niños.

Ver estatuas de Thorvaldsen en la Vor Frue Kirke CATEDRAL

PLANO: ⓫ P. 64 **C4**

La sobria **Vor Frue Kirke** *(domkirken.dk)* contiene varias esculturas de Bertel Thorvaldsen. Construida en 1191 y reconstruida tres veces, la actual catedral neoclásica de Copenhague data de 1829. La prioridad debería ser ver las efigies de Jesucristo y los apóstoles, realizadas en 1839 por Thorvaldsen y consideradas unas de sus obras más aclamadas: su representación de Jesucristo, con los brazos abiertos, sigue siendo uno de los modelos más populares que hay de Jesús en todo el mundo. En mayo del 2004 contrajeron en ella matrimonio el príncipe Federico y la australiana Mary Donaldson, actuales reyes de Dinamarca.

Visitar la iglesia decana de Copenhague

IGLESIA

PLANO: **12** P. 64 **B3**

Un cautivador lugar de culto en el Barrio Latino es la iglesia alemana de **Sankt Petri Kirke** *(sankt-petri. dk)*. Del s. xv, es el templo más antiguo de la ciudad, y su cripta –según dicen– custodia los restos de Johann Friedrich Struensee, un físico alemán de la corte de Cristián VII que en 1772 fue decapitado, descuartizado y enterrado en la colina de Gallows por acostarse con la reina Carolina Matilda.

Las marcas de hacha observadas en varios huesos humanos hallados en Gallows en 1885, y posteriormente examinadas en 1927, han llevado a los expertos a pensar que estos podrían pertenecer al desdichado doctor. Sus restos descansan aquí desde la década de 1940.

Deleitarse en la galería de una iglesia

GALERÍA

PLANO: **13** P. 64 **G4**

Con un imponente interior, la iglesia de **Nikolaj Kunsthal** *(nikolajkunsthal.dk; adultos/niños 110 DKK/gratis, mi gratis),* del s. xiii, alberga vanguardistas muestras de arte contemporáneo (Helmut Newton, Grüner y Vogelius), amén del reputado restaurante danés Maven.

CIRCUITOS

Hay unas cuantas opciones excelentes para explorar el centro urbano.

Copenhagen City Sightseeing Autobús de dos pisos con paradas libres, que ofrece tres rutas temáticas y comentarios grabados en varios idiomas (PLANO: **16** P. 64 **G5**).

Cykelkokken Circuitos en bici en compañía de un chef que prepara diversos platos sobre la marcha en su cocina itinerante (PLANO: **17** P. 64 **F1**).

Cycling Copenhagen Rutas en bici por los principales reclamos de la ciudad, el puerto y lugares más apartados (PLANO: **18** P. 64 **D6**).

Arte contemporáneo

GALERÍA

PLANO: **14** P. 64 **E5**

La sede de **Gammel Strand** *(gammelstrand.dk/en; adultos/niños 90 DKK/gratis),* el sindicato de artistas daneses, es genial para disfrutar del arte contemporáneo, con exposiciones de artistas consagrados y emergentes. Alberga el encantador café Lille Fugl.

Vestigios del s. xvii

ARQUITECTURA

PLANO: **15** P. 64 **E5**

Strædet es una vía paralela a Strøget compuesta por dos calles: Kompagnistræde y Læderstræde, salpicadas de tiendas de cerámica y talleres de joyería. Muchas de las construcciones medievales y renacentistas de Strædet ardieron en el gran incendio de 1795; no así los edificios de los nº 23, 25, 31 y 33, erigidos en los albores de 1700.

Lo mejor para...

Localizaciones en el plano de la **p. 64**

€ Económico €€ Medio €€€ Alto

Comer

Gastronomía asequible

La Trinacria €
19 E5

Deliciosos *panini* sicilianos en un soleado y escondido café que parece un trocito de Italia. *11.30-17.30 lu y ma, hasta 18.00 mi y sa, hasta 19.00 ju y do, hasta 19.30 vi*

Gasoline Grill €
20 E4

Joya escondida con apenas un puñado de taburetes junto a una barra donde deleitarse con suculentas hamburguesas ecológicas. *Desde 11.00*

Panaderías

La Glace €
21 C4

Histórica panadería con exquisitos pasteles y *macaroons*. *8.30-18.00 lu-vi, 9.00-18.00 sa, 10.00-18.00 do*

Sankt Peders Bageri €
22 A4

El decano de las panaderías copenhaguenses (1652) goza de fama tanto por sus rollitos de canela como por su bollería, tartas invertidas, cruasanes y *muffins,* todo ello complementado por certeros panes y sándwiches. *7.30-17.00 lu-vi, 8.00-16.00 sa*

Cafés

Seks €
23 D2

Café vegetariano que se surte íntegramente de productos ecológicos de cercanía, más café del tostadero local Prolog; entre sus fermentos de masa madres (centeno y trigo) figura uno cultivado en Alaska hace más de un siglo. *9.00-18.00 vi-mi*

Sonny €
24 D6

Desayunos deliciosos y saludables, platos de *brunch* de temporada, todo a partir de ingredientes locales. *7.30-16.00 lu,* hasta 17.00 ma-vi, 8.30-17.00 sa, hasta 16.00 do

Cocina danesa

Aamanns 1921 €€€
25 D3

El chef Adam Aamann triunfa con su versión modernizada del tradicional sándwich abierto. *11.30-16.30 lu-sa, 11.00-17.00 do, 18.00-24.00 ma-do*

Schønnemann €€€
26 E1

Institución local que lleva desde 1877 sirviendo *smørrebrød* y *schnapps* (chupitos de aguardiente). *11.30-17.00*

Restaurant Kronborg €€
27 D5

Tras sus paredes centenarias aguarda un espacio acogedor, con envigado de madera, que tienta con cocina danesa de siempre, incluida una selección de *smørrebrød* ideal para el almuerzo. *11.00-18.00 do-mi, hasta 22.00 ju-sa*

Slotskælderen hos Gitte Kik
28 G5

Rústica y frecuentada por políticos, la centenaria "bodega del castillo" sigue siendo una buena opción para degustar *smørrebrød* a un paso del Christiansborg Slot. *10.00-17.00 ma-sa*

Toldbod Bodega
29 H1

Local especializado en cocina danesa de toda la vida desde 1787. *12.00-15.30 y 17.30-20.30 ma-sa, 12.00-17.00 do*

Beber

Bares

Andy's Bar
30 H2

Impregnado del mismo ambiente canalla que cuando se inauguró en la década de 1930, este bareto lleno de humo abre hasta muy tarde. *12.00-2.00 ju, hasta 4.00 vi, hasta 6.00 sa y do*

Bo-Bi Bar
31 F2

Pequeño híbrido de bodega y *pub* cuya iluminación y paredes rojizas contribuyen a su aire taciturno. *14.00-2.00*

Palæ Bar
32 H2

Un clásico favorito de periodistas, escritores y políticos que peinan canas, ideal para ponerse al día, jugar al ajedrez o escuchar *jazz* en directo. *11.00-1.00 lu-mi, hasta 3.00 ju-sa, 16.00-1.00 do*

Moose
33 G2

Abarrotado y humeante, con grafitis, pegatinas y cuadros en las paredes, más la cabeza de alce de rigor. *12.00-7.00, hasta 8.00 vi-do*

Cócteles

1105
34 H3

Sofisticado *lounge* de iluminación tenue con parroquianos adinerados. *18.00-2.00 mi, ju y sa, 16.00-2.00 vi*

Balderdash
35 E3

Muy acogedor, en una casa construida por un orfebre judío en el s. XVIII. *19.00-3.00 mi-do, bar de helados 14.00-19.00 ju-sa*

Ruby
36 E6

En una casa adosada del s. XVIII junto al canal, luce un elegante interior revestido de mármol. Sus mixólogos sirven cócteles poco convencionales, como su margarita *frozen*

de remolacha. *16.00-2.00 lu-sa, 17.00-1.00 do*

Strøm
37 E3

Bar de estilo *art déco* que atrapa con su acertada iluminación, cómodos reservados y soberbios cócteles. *18.00-1.00 ma-ju, hasta 24.00 do, 16.00-2.00 vi y sa*

Café y té

Democratic Coffee
38 C3

En el céntrico edificio de la biblioteca pública, la especialidad aquí es el cruasán de almendras (cada día hornean dos tandas) acompañado de un rico café. *7.30-17.00 lu-vi, 9.00-16.00 sa y do*

H A N S Coffee Bar
39 G5

Paradigma de la estética escandinava más moderna, el minimalista H A N S promete sublimes *espressos,* además de café filtrado o elaborado en prensa francesa. *7.30-17.00 lu-vi, 9.00-17.00 sa y do*

A.C. Perchs Tearoom
40 F3

Anejo a su propia tienda, ofrece más de 150 variedades de té, y emparedados, *petits fours,* tartas y *scones,* pedidos a la carta o en el inconmensurable "Classic Tea Stand" *(250 DKK). 10.00-17.00 lu-sa*

Sugerencias de lugares para comer, beber y comprar en **p. 86**

Explora
Nyhavn
y el Barrio Real

El azul blanquecino, el amarillo pálido y el rojo priman en las casas adosadas que alinean el histórico puerto del sumamente fotografiado Nyhavn ("puerto nuevo"), construido para conectar Kongens Nytorv con el puerto. En tiempos era un bullicioso enclave por el que pululaban marineros y toda clase de individuos en busca de alojamiento barato, incluido el propio Hans Christian Andersen, que vivió en tres lugares distintos por estos lares. Hoy, es un imán para turistas, aunque todavía tiene su encanto sentarse junto al agua. Cerca se encuentran el elegante Frederiksstaden, hogar del palacio real, el Designmuseum, la Marmorkirken y *La sirenita*.

Cómo desplazarse

 Metro
La estación más cercana es Kongens Nytorv, donde convergen cuatro líneas.

 Autobús
Los buses 1A y 350S paran delante de la estación Kongens Nytorv.

 Barco
Los ferris urbanos atracan en Nyhavn, de donde zarpan servicios hacia Operaen y Nordre Toldbod (Kastellet), al norte, y hacia la Det Kongelige Bibliotek (Biblioteca Real), al sur.

LO MEJOR

VISTA
Marmorkirken (p. 83)

MUSEO
Designmuseum Danmark
(p. 78)

TIENDA
Klassik Moderne
Møbelkunst (p. 87)

CIRCUITO
Hey Captain (p. 82)

BAR DE VINOS
Den Vandrette (p. 86)

Kastellet (p. 84).
TRABANTOS/SHUTTERSTOCK ©

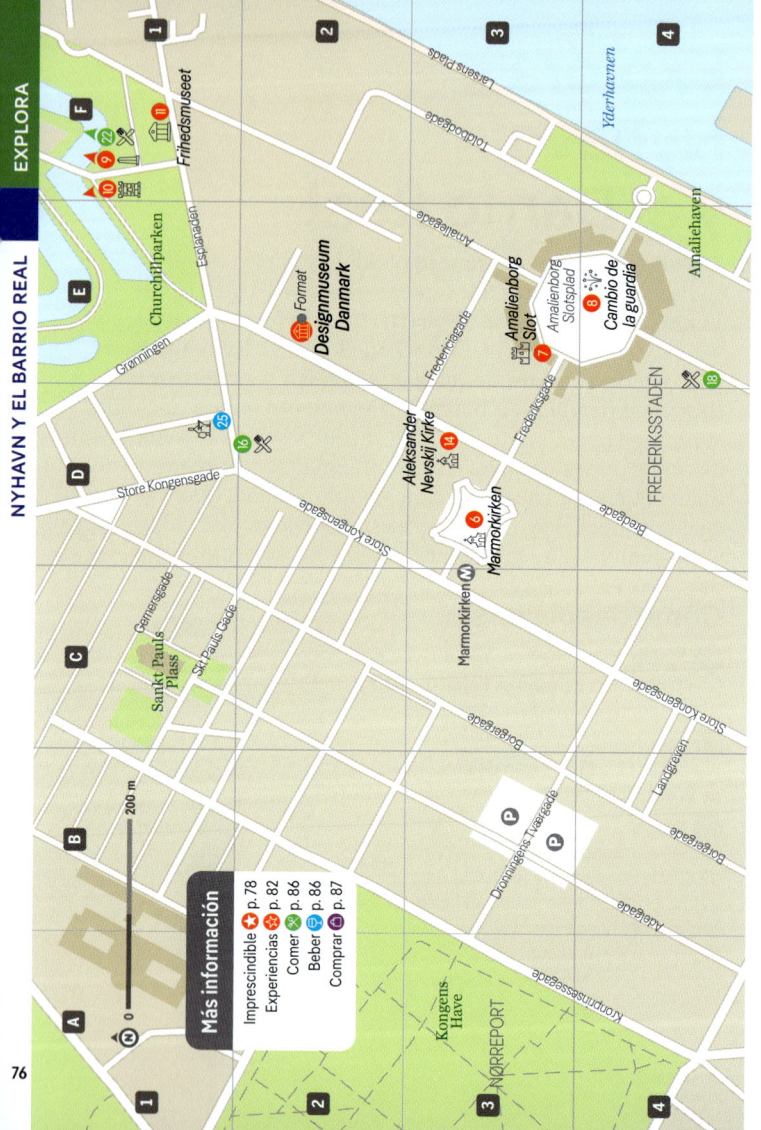

Frihedsmuseet

Churchillparken

Esplanaden

Grønningen

Format
**Designmuseum
Danmark**

Amaliegade

Toldbodgade

Larsens Plads

Ydrehavnen

Amaliehaven

Amalienborg
Slotsplad
**Amalienborg
Slot**

**Cambio de
la guardia**

Frederiksgade

Amaliehaven

Frederiksgade

FREDERIKSSTADEN

**Aleksander
Nevskij Kirke**

Marmorkirken

Marmorkirken Ⓜ

Store Kongensgade

Store Kongensgade

Store Kongensgade

Store Kongensgade

Bredgade

Bredgade

Borgergade

Borgergade

Adelgade

Gernersgade

Sankt Pauls Gade

Sankt Pauls
Plass

Dronningens Tværgade

Landgreven

Kronprinsessegade

Kongens
Have

NØRREPORT

Adelgade

200 m

0

Más información

Imprescindible 🟥 p. 78
Experiencias 🟧 p. 82
Comer ✖ p. 86
Beber 🔵 p. 86
Comprar 🟣 p. 87

Papirøen (Isla de Papel)

CHRISTIANSHAVN

Kvæsthusgraven

Larsens Plads

Toldbodgade

Kvæsthusgade

3 Hey Captain

Inderhavnsbroen

5

Inderhavnen

Amaliegade

Sankt Annæ Plads

29

Nyhavn

24

Nyhavn

17

Nyhavn

1 Nyhavn

Holbergsgade

Havnegade

NYHAVN

19

26

Store Strandstræde

Lille Strandstræde

4 Turs Kiosk

Danmarks
13 Kunstbibliotek

Heibergsgade

Herluf Trolles Gade

Peder Skrams Gade

21

Strømma
28 Copenhagen

2

Nyhavn

Cort Adelers Gade

Tordenskjoldsgade

27

Kunsthal
12 Charlottenborg

20

Holbergsgade

Niels Juels Gade

23

Kongens
Nytorv

Holmens
Kanal

Havnegade

C

Kongens
Nytorv

Holmens Kanal

Havnegade B

Gothersgade

Ny Adelgade

Østergade

Lille Kongensgade

Vingårdsstræde

Bremerholm

Havnegade

Netto-
Bådene

Ny Østergade

Store Regnegade

Antonigade

Kristen Berníkows Gade

Sværtegade

Pistolstræde

Købmagergade

Dybbøls Gade

Nikolaj
Plads

Nikolajgade

Laksegade

Asylgade

Holmens
Bro

15

Christiansborg

Gammel Mønt

Silkegade

Store Kirkestræde

Nikolajgade

Admiralgade

Fortunstræde

Ved Stranden

Christiansborg

77

⭐ **IMPRESCINDIBLE**

Designmuseum Danmark

Copenhague ocupa un lugar muy especial en el mundo del diseño, y el Designmuseum Danmark *(adultos/niños 130 DKK/gratis),* tras someterse a una renovación en el 2022, es hoy el depositario de maravillas como guardas de catanas o icónicas lámparas de mediados del siglo pasado. Es de visita obligada tanto para los entusiastas de las artes aplicadas y el diseño industrial como para cualquiera capaz de reconocer una buena silla.

PLANO: P. 76 **E2**

CONSEJO
Dedicarle no menos de 1-2 h: hay muchísimo que ver. Se organizan visitas gratis, normalmente los domingos; véase la web.

Escanea este código QR para conocer los horarios y reservar con antelación.

Diseño para la vida

Alojado en un hospital reconvertido del s. XVIII, su diseño primigenio se debe a la labor de los arquitectos Ivar Bentsen y Kaare Klint. Se inauguró en 1926, tras dos años de reformas a cargo de OEO Studio, que logró mantener el legado de sus diseñadores originales dotándolo de un aire renovado. El museo comienza centrándose en el diseño sostenible para solventar problemas contemporáneos, con ideas que abarcan desde urnas funerarias biodegradables a sillas ecológicas. A esto le sigue una amplia colección textil encabezada por inspiradores diseños de nombres familiares, como Frank Lloyd Wright, Picasso o Maija Isola (creadora de los famosos estampados de Marimekko).

Retroceder en el tiempo

Luego toca ver Wonder, cinco salas con un enfoque extravagante. La primera es un almacén que ofrece una visión, por así decirlo, entre bastidores. Después, se curiosea entre una colección de cerámica, vajillas y platería del s. XIX de J. W. Frohne. La tercera sala es la mayor, en ella se exhiben delicados objetos de lo más variopintos, todos de antes de 1900. La cuarta galería contiene

BIRGER NISS/SHUTTERSTOCK ©

dos colecciones de *tsubas* (guardas de catanas), mientras que la quinta presenta montones de tabaqueras con formas de lo más dispar. A modo de transición hacia la siguiente sala, *"Little Table, Cover Yourself"* es una larga vitrina donde se muestra cómo ha evolucionado la forma de poner la mesa desde el Renacimiento en adelante.

Diseño danés

Esta sección les encantará a los amantes de los grandes del diseño danés del pasado siglo: en ella se esboza desde las creaciones de la década de 1920 hasta el llamativo *pop art* de la década de 1970, dedicando atención a iconos como la silla egipcia de Finn Juhl o las lámparas de Poul Henningsen. Mediante elementos interactivos, quienes lo deseen podrán animarse a diseñar su propia lámpara.

UNA PAUSA
Con espacio de sobra y techos altos, **Format,** el impecable café del museo, es genial para recargar pilas.

CIRCUITO A PIE

Paseo por Nyhavn y el Barrio Real

Este paseo discurre por la histórica zona portuaria del s. XVII, embellecida con deslumbrantes iglesias, palacios y embajadas. Tras cruzar el puente hacia Nyhavn, se pasa frente a las coloridas casas situadas frente al agua en dirección al palacio de Amalienborg y luego se ve el Kastellet, la fortificación defensiva del s. XVIII erigida para proteger la ciudad de las embestidas suecas.

INICIO	FINAL	DISTANCIA
Mindeankeret (ancla conmemorativa)	Fuente de Gefion	2 km; 1-2 h

❶ Ancla conmemorativa

Tributo a los marinos que perdieron la vida en la II Guerra Mundial, la **Mindeankeret** se sitúa enfrente del canal del puerto, este último construido por soldados daneses y prisioneros de guerra suecos a instancias de Cristián V.

❷ Vista insuperable

Caminando por la orilla derecha del canal se obtiene la **mejor perspectiva** de las famosas casas, en la parte más soleada y animada de la calle, otrora la zona más codiciada de la ciudad; el primer edificio que se ve es el palacio de Charlottenborg (hoy una galería).

❸ Kyssetrappen

Tras cruzar el canal por el panorámico Nyhavnbroen, se pone rumbo a Toldbodgade, pasando por el MACA Museum, instalado en una mansión decimonónica que atesora una colección de Banksy y otros artistas callejeros. Una vez atravesada la arbolada Sankt Annæ Plads, se observan a la derecha unas anchas escaleras, conocidas como las **"escaleras del Beso"**, que conducen al agua.

❹ Residencia real

Se sigue junto al mar hacia la Springvandet i Amalie, una gran fuente circular en un parquecito, Amaliehaven, tachonado de esculturas de bronce similares a tótems del artista italiano Arnaldo Pomodoro. Desde allí se disfruta de una excelente vista de la Ópera de Copenhague, financiada por el gigante del transporte de mercancías Maersk, alineada frente al **Amalienborg Slot.**

❺ Un museo diferente

Después se pasa junto al Yelllow Warehouse, un llamativo almacén amarillo del s. XVIII, al que sigue un insólito museo, la **Real Colección de Moldes** *(abierto solo reservando con antelación),* con tres plantas llenas de moldes de esculturas clásicas.

❻ Fuente de Gefion

Ciñéndose aún más al borde del agua se topa con dos pabellones reales diminutos, construidos en 1905 para disfrute de la realeza que allí atraca. Detrás se encuentra la antigua sede de la Autoridad Portuaria, y rebasado este, tierra adentro, la monumental **fuente de Gefion,** de Anders Bundgaard, que representa a la diosa nórdica azuzando unos bueyes. La Fundación Carlsberg donó la pieza a la ciudad en 1897 para celebrar el 50º aniversario de la cervecera.

EXPERIENCIAS

Pasear por Nyhavn   PUERTO

PLANO: **1** P. 76 **D6**

Dominado por coloridas casas adosadas y cervecerías con vistas a los mástiles de los barcos fondeados en el canal, **Nyhavn,** enclave turístico local por excelencia, parece una ilustración de cuento. Hay que llegar temprano para ver el puerto en su momento de mayor belleza.

El "Puerto Nuevo" se construyó en el s. XVII a fin de unir Kongens Nytorv al puerto principal, siguiendo la planificación de Henrik Ruse, un ingeniero holandés especializado en fortificaciones defensivas. Era un atareado puerto comercial por el que se movían infinidad de marinos que se alojaban en las casas a su alrededor. Entre las muchas casas de la franja destaca una de color azul, situada en el nº 9, la más antigua de todas; el resto data en su mayoría del s. XIX.

Hacer una travesía   PASEOS EN BARCO

De Nyhavn salen los circuitos de **Stromma Copenhagen** (PLANO: **2** P. 76 **C6**; *stromma.dk; circuito de 1 h adultos/niños 140/110 DKK*) y de **Hey Captain** (PLANO: **3** P. 76 **F5**; *heycaptain.dk; 200 DKK*), en embarcaciones de menores dimensiones.

Tomar algo junto al puerto   COPA VESPERTINA

PLANO: **4** P. 76 **D6**

Un sitio genial para disfrutar por poco dinero de una bebida junto al puerto es el **Turs Kiosk.** Basta comprar algo para beber, sentarse junto al canal en la margen sur y brindar por los placeres sencillos de la vida.

Cruzar el Inderhavnsbroen   PUENTE

PLANO: **5** P. 76 **E7**

Nyhavn no estuvo bien conectado en bici con Christianshavn hasta el 2016, cuando se inauguró el **Inderhavnsbroen,** el primer puente retráctil de Europa, libre de tráfico motorizado, diseñado por el estudio londinense Bednarski. La estructura se desplaza y, luego, tras permitir el paso de las embarcaciones, vuelve a ensamblarse, de ahí su apodo de Kyssebroen ("puente del Beso"). Con todo, su complejo diseño no solo desencadenó varios problemas iniciales, sino que además el resultado final no facilita del todo la circulación de bicicletas, ya que se rige por un desconcertante sistema de turnos. Ha sido objeto de numerosas críticas, pero ha mejorado el acceso a Christianshavn desde el centro.

 HANS CHRISTIAN ANDERSEN

El célebre escritor de cuentos danés es el más ilustre antiguo residente de Nyhavn. No solo vivió en el nº 20, donde escribió *El encendedor de yesca, El pequeño Claus y el gran Claus,* y *La princesa y el guisante,* sino también en los nº 18 y 67. Se instaló en la zona por su proximidad al teatro, pues su meta inicial al mudarse a Copenhague era ser actor.

Alzar la vista en la Marmorkirken

IGLESIA

PLANO: **6** P. 76 **D3**

Es imposible pasar por alto la llamativa cúpula verdosa de la **Marmorkirken** *(marmorkir ken.dk)*, la "iglesia de Mármol" (oficialmente llamada Frederikskirken), cuya silueta domina el perfil urbano. Destaca su imponente interior, que pese al nombre no es de mármol. Las obras comenzaron en 1749, a iniciativa de Federico V, pero los elevados costes hicieron que el proyecto se dilatara más de lo previsto. Para revertir la situación, C. F. Tietgen, el banquero más rico del país en el s. XIX, financió la reactivación del proyecto a condición de utilizar caliza. Las vistas son de aúpa desde lo alto de su cúpula (inspirada en la de San Pedro de Roma).

Descubrir las dependencias reales del Amalienborg Slot

PALACIO

PLANO: **7** P. 76 **E3**

Es obligado echar un vistazo a las estancias de los monarcas en el **Amalienborg Slot** *(kongernessamling.dk/amalienborg; adultos/niños 125 DKK/gratis),* un castillo compuesto por cuatro austeros palacios del s. XVIII, dispuestos en torno a una plaza adoquinada vacía y custodiados por guardas ataviados con sombreros de piel de oso. Sigue siendo la residencia de la reina emérita Margarita II y los actuales monarcas Federico X y Mary de Dinamarca.

LOS MEJORES CIRCUITOS EN BARCO

Hey Captain (p. 82) Pese a ser más caro que otros circuitos, constituye una forma estupenda y apacible de hacer turismo.
PLANO: **3** P. 76 **F5**

Stromma Copenhagen (p. 82) Rentable opción para ver la ciudad desde el agua.
PLANO: **2** P. 76 **C6**

Netto-Bådene (p. 58) Muy a cuenta y con comentarios, similar a Stromma.
PLANO: **15** P. 76 **A8**

Su fascinante interior muestra los estudios reconstruidos de tres generaciones de la realeza (1863-1947), entre ellos el estudio y el salón principal de Cristián IX (1863-1906) y la reina Luisa, cuyos seis hijos se desposaron con miembros de otras familias reales y terminaron ascendiendo al trono (incl. Jorge I, rey de Grecia, y Dagmar, emperatriz de Rusia). El suntuoso salón de galas contiene estatuas de Euterpe y Terpsícore realizadas por un joven Bertel Thorvaldsen.

Ver el cambio de la guardia

CEREMONIA

PLANO: **8** P. 76 **E4**

Los soldados de la Guardia Real cumplen con el cometido de proteger a la familia real danesa y su residencia en la capital, el palacio de Amalienborg. Cada día,

Aunque **'La sirenita'** de Edvard Eriksen sobrevivió incólume a la Gran Depresión y a la ocupación nazi en la II Guerra Mundial, los tiempos modernos no han sido tan amables con ella, que ha sufrido varias decapitaciones y amputaciones a manos de vándalos y detractores. Eso llevó a Carlsberg a encargarle al artista danés Bjørn Nørgaard que creara una nueva versión en el 2006, situada apenas unos cientos de metros de la original y cuyo aspecto dista sobremanera de la bella obra de Eriksen, aunque quizá también sea más fiel al espíritu del desesperanzador cuento de Hans Christian Andersen.

a las 11.30, salen de su cuartel en Gothersgade y desfilan por las calles de Copenhague para realizar el **cambio de la guardia,** una antigua demostración de intrincadas maniobras dignas de verse en el palacio de Amalienborg a las 12.00.

Acercarse a 'La sirenita' MONUMENTO

PLANO: **9** P. 76 **F1**

'La sirenita' es el símbolo más reconocible de Copenhague. Muchos de quienes se acercan a verla, tras recorrer 1 km por el ventoso frente marítimo del puerto, con frecuencia se llevan un chasco. ¿Esperaban una *sirenita* de mayor tamaño? Una forma genial de verla es con un circuito en barco (valdrá cualquiera que cubra los principales puntos de interés de la ciudad). Su existencia es una demostración más del impacto que la familia Carlsberg ha ejercido en la vida cultural de la ciudad: en 1909, el magnate danés de la cerveza Carl Jacobsen quedó tan fascinado tras asistir a una representación de *ballet* basada en el cuento de *La sirenita* de H. C. Andersen, que le encargó al

escultor Edvard Eriksen que creara una estatua de la ninfa epónima con la que embellecer el puerto. El rostro de la famosa efigie tomó como modelo el de la bailarina Ellen Price; pero como esta se negó a posar desnuda, su cuerpo está inspirado en el de Eline Eriksen, la esposa del escultor.

Visitar el Kastellet FORTALEZA

PLANO: **10** P. 76 **F1**

Esta colosal **fortaleza** con forma de estrella es hoy un insólito e inmaculado jardín. Y si bien los barracones (s. XVIII) siguen utilizándose, se pueden visitar tanto su histórico molino como los terraplenes cubiertos de césped, desde donde se atisban el puerto y la ciudad.

Repasar la historia en el Frihedsmuseet MUSEO

PLANO: **11** P. 76 **F1**

Después de que el museo anterior quedara arrasado por un incendio en el 2013, se creó este flamante **museo** *(en.natmus.dk; adultos/ niños 120 DKK/gratis)* que documenta la resistencia danesa contra la ocupación nazi entre 1940 y 1945. En sus umbrías salas subterráneas, se podrá revivir la ocupación a través de la mirada de cinco lugareños, tratando de descodificar mensajes secretos, intervenir llamadas telefónicas e incluso imprimiendo una revista clandestina. Muy recomendable para visitarse en familia.

Descubrir el arte y la sala de lectura del Charlottenborg
GALERÍA

Sede de la Det Kongelige Kunstakademi (Real Academia de Bellas Artes) desde 1754, el señorial **Kunsthal Charlottenborg** (PLANO: **12** P. 76 **C6**; *kunsthalcharlottenborg.dk/en, adultos/niños 90 DKK/ gratis*) es un fascinante espacio consagrado al arte contemporáneo donde se exhiben figuras nacionales e internacionales, incluido Ai Wei Wei, quien en el 2017 cubrió los ventanales del edificio con chalecos salvavidas en alusión a la crisis migratoria. Vale la pena examinar la sala de lectura neoclásica de la **Danmarks Kunstbibliotek** (Biblioteca Nacional de Arte; PLANO: **13** P. 76 **C6**), en cuyo diseño

colaboró Ferdinand Meldahl, el arquitecto de la cercana Marmorkirken (p. 83).

Contemplar una iglesia rusa
IGLESIA

PLANO: **14** P. 76 **D3**

Las cúpulas doradas de la **Aleksander Nevskij Kirke** (*ruskirke.dk*) parecen más propias de algún lugar en San Petersburgo. Construida en granito y ladrillo en 1883, presenta un estilo bizantino ruso y luce una escalinata de mármol, suelos de mosaico y frescos. Su arquitecto fue el ruso David Ivanovich Grimm, y en su interior cuelgan unas luces de araña de bronce: un obsequio del zar Alejandro III, quien encargó la construcción de la iglesia tras contraer matrimonio con la princesa Dagmar, hija de Cristián IX. Una vez convertida a la Iglesia ortodoxa rusa, la entonces emperatriz de Rusia expresó su deseo de contar con una iglesia ortodoxa a la que pudiera acudir a rezar durante sus estancias en Dinamarca, a lo que su marido respondió adquiriendo un pequeño terreno en Bredgade. Abre al público cuando ofician misa.

 UN PALACIO CUBIERTO DE HIEDRA

Cubierto de hiedra y situado junto al canal, el Kunsthal Charlottenborg fue construido en el s. XVII por encargo de Ulrik Frederik Gyldenløve, hermanastro de Cristián V. En 1700 lo compró la reina viuda Carlota Amalia, quien vivió en él hasta su muerte un año más tarde, cuando pasó a manos de Cristián VI. A partir de 1701 se utilizó como espacio para artistas y, en 1754, se convirtió en galería oficial de la Real Academia de Bellas Artes.

SUGERENCIAS

Lo mejor para...

€ Económico   €€ Medio   €€€ Alto

Localizaciones en el plano de la **p. 76**

Comer

Cocina danesa tradicional

Toldbod Bodega €€
16 D2

Abierto en 1787, el restaurante más antiguo de la capital sigue sirviendo platos clásicos patrios como *smørrebrød* y cerdo asado. *12.00-15.30 y 17.30-21.30 ma-vi, hasta 20.30 sa, 12.00-17.00 do*

De ambiente tranquilo

Den Vandrette €€
17 E7

Fabuloso bar de vinos naturales con paredes de ladrillo visto y botellas a tutiplén; vale la pena pedir el cerdo asado o el pulpo a la plancha con pan de la prestigiosa panadería Hart Bageri. *17.00-22.00 lu-mi, hasta 23.00 ju, hasta 24.00 vi y sa*

Restaurant Amalie €€
18 E4

En la planta baja de una casa del s. XVII se halla esta serena y encantadora propuesta especializada en *smørrebrød* y *schnapps* (chupitos de aguardiente). *11.30-17.00 lu-sa*

Union Kitchen €
19 D5

En una buena ubicación detrás de Nyhavn, muy del gusto de los vecinos, es ideal para almorzar. *7.30-23.00 lu-mi, hasta 24.00 ju y vi, 8.00-24.00 sa, 8.00-23.00 do*

Gastronomía y alta cocina

À Terre €€€
20 C7

Elegancia franco-danesa y un menú degustación a cargo del chef Yves Le Lay en el que rinde tributo a su padre francés con lustrosos platos con énfasis en el pescado y el marisco y maridajes estelares. *17.00-22.00 mi-sa, 12.00-14.00 sa*

Iluka €€€
21 C7

Sublime, para saborear creativas fórmulas a base de marisco en las sosegadas calles al sur de Nyhavn. *17.30-24.00 ma-sa*

Koan €€€
22 F1

El galardonado chef danés de origen surcoreano Kristian Baumann explora su legado culinario obteniendo un efecto casi milagroso. Eso sí, con maridaje incluido, sale a más de 5000 DKK por comensal. *18.00-24.00 ma-vi*

Beber

Bares modernillos

Brønnum
23 C6

Los cócteles son épicos en este bar de ambiente casi teatral en el que Hans Christian Andersen y otros escritores, músicos y artistas solían citarse a menudo. *16.00-1.00 ma-mi, hasta 24.00 lu, hasta 2.00 ju, hasta 3.00 vi y sa*

Tipsy Mermaid
 E7

Cervezas artesanas tiradas a bordo de un barco amarrado al final de Nyhavn. *12.00-22.00 lu-ju, hasta 24.00 vi y sa*

Lille Blå
25 D1

El hermano pequeño de la maravillosa enoteca Ved Stranden 10 augura vinos ecológicos naturales producidos en Austria en un interior saturado de azul Klein. *15.00-22.00 ma-sa*

Nebbiolo
26 D5

A un paso de Nyhavn, esta vinoteca de ambiente italiano es sinónimo de vinos naturales y *antipasti*. *15.00-24.00 do-ju, hasta 2.00 vi y sa*

Comprar

Ropa y diseño
Wilde Shop
27 C5

Tienda de ropa *vintage* seleccionada con tino en la que no faltan interesantes marcas escandinavas. *11.00-18.00 lu-vi, hasta 16.00 sa y do*

Klassik Moderne Møbelkunst
28 C5

Arne, Finn, Poul, Nanna... todas las figuras más influyentes del mundo del diseño de mediados de siglo tienen cabida aquí. *11.00-18.00 lu-vi, 10.00-16.00 sa*

Comida y bebida
Old Merchant
29 E5

Sensacional tienda (con varias mesitas para degustación) donde surtirse de todo lo necesario para pasar un buen rato en la Kyssetrappen ("escaleras del Beso"). *8.00-23.00*

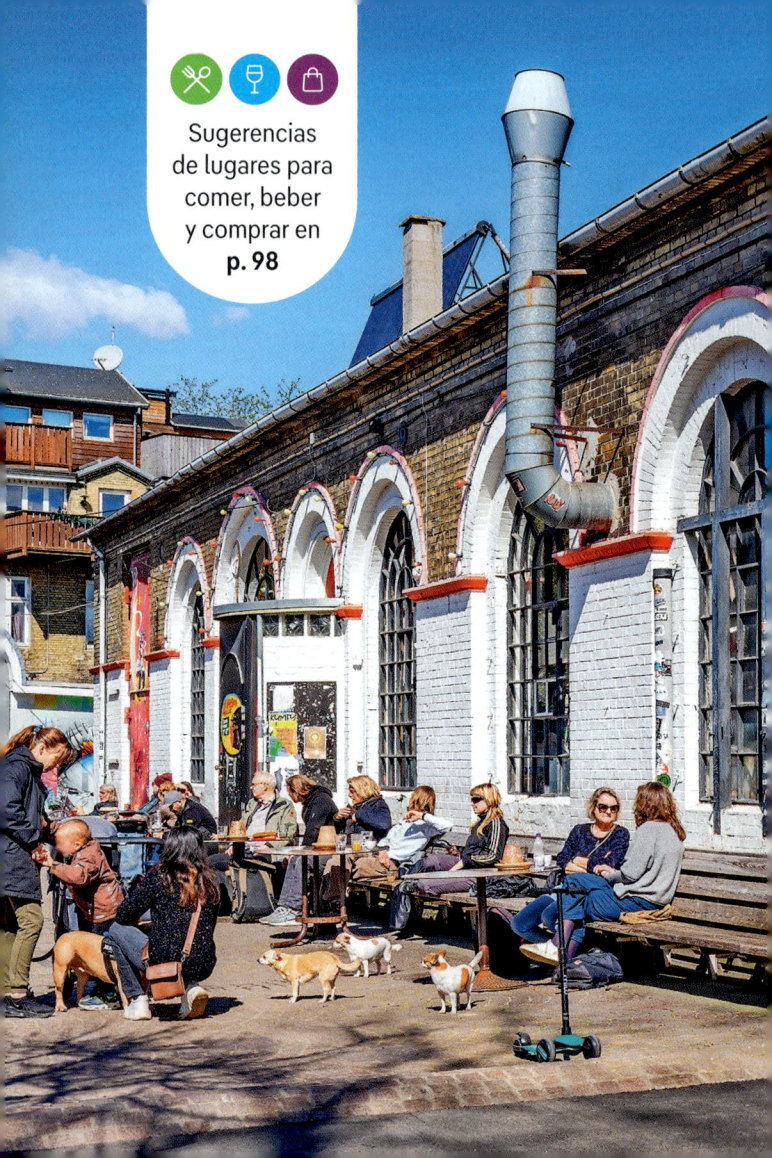

Sugerencias de lugares para comer, beber y comprar en **p. 98**

Explora
Christianshavn

Uno de los lugares más atractivos de Copenhague es el barrio de Christianshavn, fundado por Cristián IV a principios del s. XVII como centro comercial y zona de protección militar de la ciudad, entonces en plena expansión. Las vías navegables bordeadas de embarcaciones tomaron los Países Bajos como modelo. También aquí se halla el barrio de Christiania, que además de autogestionarse, tiene estatus de ciudad libre. Tiempo atrás se dio a conocer por Pusher St, donde en su día se vendía cannabis libremente, pero el malestar de los vecinos provocó el fin de su comercio. Algo más retirada se encuentra la isla de Refshaleøen, donde los antiguos astilleros han sido reemplazados por el mayor mercado gastronómico de la ciudad, galerías y buenos restaurantes.

Cómo desplazarse

 **Bicicleta**
Es excelente para moverse por Christianshavn y la única forma de desplazarse por Christiania, pues no se permite entrar con coche.

 Metro
La estación más a mano es Christianshavn, en las líneas M1 y M2 (amarilla y verde), a una parada de Kongens Nytorv, conectada a su vez con las líneas M3 y M4 (roja y azul).

 Ferri
El servicio eléctrico 991/992 (sur/norte) tiene tres útiles paradas en la zona: Knippelsbro, Operaen y Refshaleøen. Se recomienda desembarcar en esta última; ojo, el servicio termina a las 20.30 o 21.00.

Christiania (p. 91).

★
LO MEJOR

IGLESIA CON VISTAS
Vor Frelsers Kirke (p. 96)

LUGAR PARA BAÑARSE
La Banchina (p. 96)

SAUNA
Sofiebadet (p. 96)

HAMBURGUESAS
POPL (p. 98)

MÚSICA EN DIRECTO
Christiania Jazz Club (p. 99)

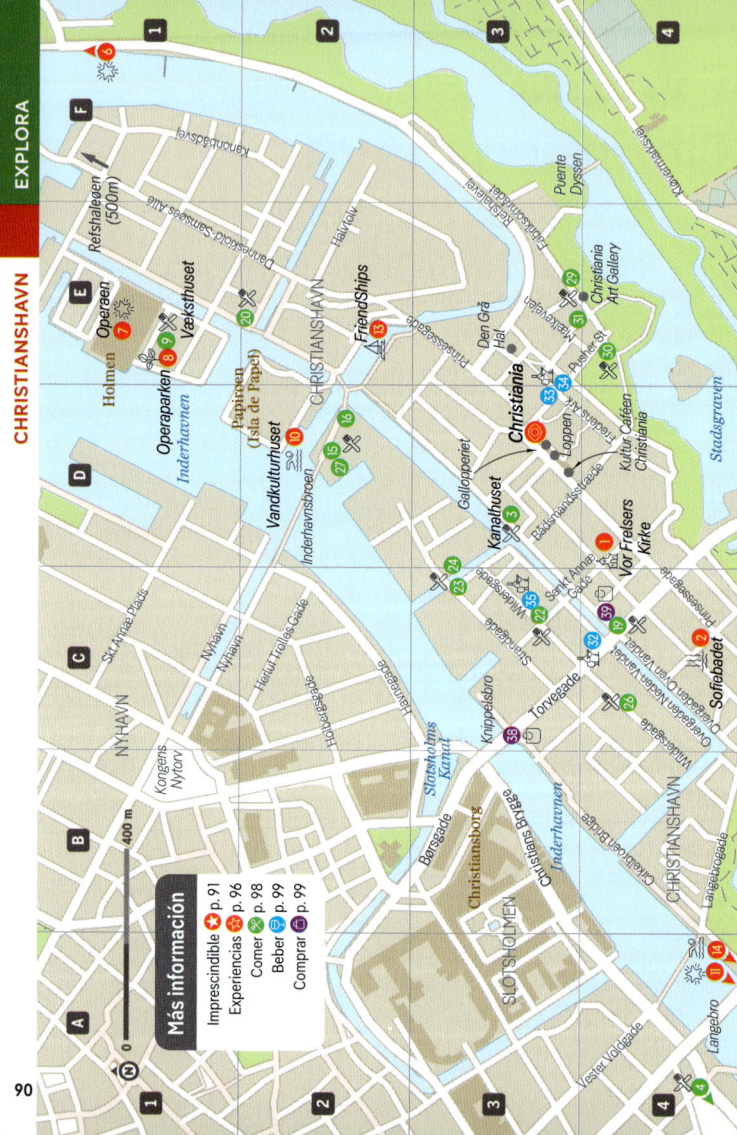

Más información

- Imprescindible p. 91
- Experiencias p. 96
- Comer p. 98
- Beber p. 99
- Comprar p. 99

400 m

0

N

NYHAVN

Kongens Nytorv

SLOTSHOLMEN

Christiansborg

Slotsholms Kanal

Christians Brygge

Knippelsbro

Børsgade

Christian IV's Bro

Inderhavnen

Inderhavnen

Christianshavn

CHRISTIANSHAVN

Torvegade

Langebro

Vester Voldgade

Langebrogade

Sofiebadet

Vor Frelsers Kirke

Sankt Annæ Gade

Overgaden Oven Vandet

Overgaden Neden Vandet

Wildersgade

Strandgade

Strandgade

Mikkel Vibes Gade

Bådsmandsstræde

Bådsmandsstræde

Galloperiet

Christiania

Den Grå Hal

Pusher St.

Loppen

Kultur Caféen Christiania

Christiania Art Gallery

Stadsgraven

Puente Dyssen

Kloakvejen

Refshalevej

Refshaleøen (500m)

Holmen

Operaen

Operaparken

Vælsthuset

Papirøen (Isla de Papel)

Vandkulturhuset

Inderhavnsbroen

Inderhavnen

CHRISTIANSHAVN

FriendShips

Halvtiv

Prinsessegade

Prinsessegade

Refshalevej

Danneskiold-Samsøes Allé

Kanonbådsvej

Kanalhuset

Sankt Annæ Gade

Wildersgade

Sofiegade

Dronningensgade

Overgaden Oven Vandet

NYHAVN

Herluf Trolles Gade

Nyhavn

Nyhavn

Holbergsgade

Hammershøi

Sankt Annæ Plads

7

8 9

20

13

15 16

27

10

6

29

31

30

34

33

3

24

23

22 35

39

32

38

25

1

2

11 14

4

5

90

⭐ **IMPRESCINDIBLE**

Christiania

Independiente, alternativa y sin tráfico motorizado, esta comuna que coexiste con la capital danesa es un lugar sin parangón. Fue conocida durante años por Pusher St, pero los tiempos en que estaba permitido vender marihuana son cosa del pasado. Yendo más allá de su vía principal se encontrará un bucólico edén de caprichosas viviendas construidas por los residentes, bares, restaurantes y salas de música.

PLANO: P. 90 **D3**

Green Light District

Christiania se creó en 1971 como un asentamiento de ocupas que decidieron instalarse en una antigua base militar, en protesta por la falta de vivienda accesible. Desde entonces, esta comunidad ha atraído a inconformistas de todo el orbe, que acudían seducidos por el concepto de negocio colectivo, talleres y vida comunitaria. El asentamiento adquirió una condición jurídica cuasilegal, al pagar un impuesto colectivo al Gobierno a cambio de recibir suministro eléctrico y de agua. Y en lugar de alquiler, sus vecinos contribuyen a sufragar una tasa municipal.

Lo puso en el mapa su **Green Light District** (o, para más señas, Pusher St); sin embargo, a raíz de la presión vecinal tras varios incidentes, se ha optado por echar el cierre a los puestos de marihuana que había en la zona. Ya no se venden drogas a plena luz del día y los vecinos no dudan en mostrar su rechazo a este tipo de actividad.

En su polvorienta calle principal ahora reina el ambiente típico de un lugar turístico, con puestos de recuerdos y los cafés y restaurantes vegetarianos de rigor. Las antiguas instalaciones

CONSEJO
Actualmente se permite sacar fotografías (antes no), si bien antes de fotografiar a un residente, lo indicado es preguntar. Llevar efectivo; muchos lugares solo aceptan dinero en metálico.

Escanea este código QR para más información práctica.

UNA PAUSA
El **Kultur Caféen Christiania** tiene techos de vigas, buen café y tentempiés, juegos de mesa y una programación continua de actos culturales. Hasta sirven *smørrebrød*.

militares se han reciclado en galerías, restaurantes y bares decorados con arte callejero.

Insólita ruta arquitectónica

Pateando su calle principal se topará con algunas de las obras arquitectónicas más eclécticas e imaginativas de la ciudad. Buena parte de ellas se presenta en forma de diminutas viviendas construidas artesanalmente empleando materiales rescatados. Al no regir unas normas de urbanismo, las construcciones se llevaron a cabo sin restricciones ni arquitectos, pero, también, y no es baladí, sin promotores inmobiliarios ávidos de sacar el máximo rendimiento al terreno. Hoy, las obras de nueva construcción se someten a mucho mayor control y han de tramitar un permiso.

Un ejemplo muy llamativo del caprichoso conjunto de edificaciones es una casa de cristal, construida íntegramente con marcos de ventana recuperados.

Refshalevej

36

17
37
Refshalevej
28
25
12 Duffy Boat

Refshalevej

Yderhavnen

21

18
Refshalevej

5 La Banchina

0   200 m

Christianshavn (500m)

Junto al agua se yergue una futurista casa poligonal –también de cristal– erigida por un estudiante de arquitectura en la década de 1980. No hay que perderse una casa curvada con extremos triangulares y ventanas con forma de estrella, construida por unos voluntarios alemanes que habían venido a ayudar a construir puentes. También se verán invernaderos reconvertidos, *bauwagens* (remolques utilizados como vivienda) y carretas, además de barcazas y plataformas flotantes. Muchas de las creaciones se sitúan junto al foso del casco antiguo. Todas estas viviendas son propiedades privadas, por lo que se ruega ser respetuoso y considerado.

Tesoros culturales

Christiania aglutina varias salas geniales, entre ellas el **Christiania Jazz Club** (p. 99), que acoge actuaciones de *jazz* y *jam sessions*, así como esporádicos conciertos de *hip-hop* y demás. Abre de miércoles a sábado y solo se acepta efectivo. Cerca se encuentra **Den Grå Hal** ("la Sala Gris"), un antiguo centro de equitación militar en el que hoy se programan conciertos y mercadillos. Otra sala destacada es **Loppen,** en la brecha desde 1973.

En el mismo almacén envigado de Loppen se encuentra **Gallopperiet,** la oficiosa "Galería Nacional de Arte" de Christiania; nunca defraudan sus exposiciones a cargo de artistas locales.

Fundada por Marios Orozco, un vecino mexicano-danés que se instaló en la comuna en 1981, la **Christiania Art Gallery** es un derroche de color. En su tienda venden pósteres, ilustraciones y reproducciones de cuadros de varios artistas, incluido el propio Orozco.

Circuitos

En julio y agosto se organizan circuitos guiados a diario de 1-1½ h *(60 DKK, solo efectivo)* a las 15.00 (solo fines de semana sep-jun), con salida de la entrada principal de Christiania en Prinsessegade.

VIENTOS DE CAMBIO EN CHRISTIANIA
Actualmente, la comunidad de Christiania ronda los 1000 habitantes. En el 2024, tras el creciente malestar que existía ante la presencia de pandillas de traficantes en Pusher St, se puso freno a la venta libre de cannabis. Se prevé que la calle sea pavimentada y que, en el 2027, comiencen las obras de un proyecto de viviendas para 300 personas con el objetivo de atraer a familias jóvenes a la zona.

CIRCUITO A PIE

Paseo por Refshaleøen

Dedicada a la construcción naval hasta la década de 1990, Refshaleøen es una isla artificial creada en el s. XIX, y que tras haber caído en el olvido, ha revivido gracias al Reffen, un mercado de comida callejera abierto en el 2018. Esta ruta, que se inicia en los aledaños de CopenHill, discurre por los principales reclamos de Refshaleøen, una de las zonas más creativas de la capital.

INICIO	FINAL	DISTANCIA
CopenHill	Reffen	2,8 km; 2-3 h

1 CopenHill

Se sale junto a **CopenHill,** una planta de gestión de residuos coronada por una pista de esquí, accesible en autobús, en bicicleta o a pie desde el centro de Christianshavn; el trayecto resulta encantador. Es obligado subir para disfrutar de las vistas, tanto si se alquilan esquíes como si se prefiere ascender a pie. Desde allí, se deshace el camino (en bici o andando) por Vindmøllevej y se gira a la derecha por Forlandet hasta llegar al Vandflyverhangaren.

2 Vandflyverhangaren

Diseñado por el arquitecto Christian Olrik, este antiguo **hangar de hidroaviones** se ha reconvertido en un elegante edificio de oficinas.

3 Delicias horneadas

La ruta continúa por Refshalevej. Dejando La Banchina a la izquierda, se topa con la tentadora **Lille Bakery** (a la derecha), ubicada en un local con techos altos y enormes ventanales, muy propicio para saborear deliciosa repostería acompañada de un café.

4 Jardín ecológico

La siguiente parada es **Øens Have,** un huerto urbano comunitario en el que se cultivan frutas, hortalizas, hierbas y flores, al que cualquiera puede acercarse a ayudar con las tareas cotidianas; normalmente invitan a almorzar a quienes echan una mano. El huerto también surte a su restaurante.

5 Espíritu artístico

A corta distancia a pie en dirección norte queda **Copenhagen Contemporary,** un sensacional espacio de arte de 7000 m^2, alojado en un antiguo salón de bodas remodelado por Dorte Mandrup.

6 Comida callejera

Luego, se camina 5 min hacia el oeste para dar con el **Reffen** (mar-sep), un enorme mercado de comida callejera hecho con contenedores de mercancías en los que se vende desde delicias griegas a cocina kurda. Hay, además, cantidad de bares, y se puede tomar prestada una tumbona para sentarse un rato frente al mar: un plan insuperable con buen tiempo. También se monta una pista de patinaje sobre hielo (nov-dic).

EXPERIENCIAS

Subir a una torre en espiral

MIRADOR

Asentado sobre la **Vor Frelsers Kirke** (PLANO: ❶ P. 90 D4; *vorfrelser skirke.dk, torre adultos/niños 69/20 DKK*), el chapitel dorado más distintivo de Copenhague traza una espiral sobre el tejado de la iglesia y contiene seis colosales campanas y un carillón que interpreta complejas melodías. Se pueden subir sus 398 escalones; los últimos 150 en el exterior de la torre, estrechándose hasta desaparecer en su cúspide. El chapitel, inspirado en la torre de Sant'Ivo de Borromini, en Roma, es un añadido de Lauritz de Thurah (1752). En su interior destacan un historiado altar barroco y un recargado órgano tallado de 1698.

Relajarse en unos baños históricos

SPA

Antiguamente no había baños en los pisos de los obreros de la ciudad, lo que obligaba a usar las casas de baños compartidas. **Sofiebadet** (PLANO ❷ P. 90 C4; *sofiebadet.dk; tratamientos de hammam 900 DKK*) se construyó en 1909 y estuvo en funcionamiento hasta 1997. Perfectamente restaurado, su hermoso interior de techos altos ofrece sauna, baños turcos y tratamientos varios. Es obligatorio llevar traje de baño y tiene un café.

Disfrutar de una comida comunitaria

COMIDA

Erigida junto a un canal en 1754, la **Kanalhuset** (PLANO: ❸ P. 90 D3; *kanalhusetcph.com, cena 150 DKK*) ocupa un edificio amarillo que fue un internado para jóvenes marinos, un hospital y un museo. Lennart y Susanne Lajboschitz, fundadores de la cadena danesa Tiger, comenzaron sus iniciativas de carácter comunitario con **Folkehuset Absalon** (p. 133; PLANO: ❹ P. 92 A4), en Vesterbro, pero esta es una versión de más nivel. Para su cambiante menú *(150 DKK)* hay que reservar con antelación y presentarse a las 18.30. Se cena en una larga mesa compartida.

Darse un baño y tomar una sauna en La Banchina

BAÑO Y SAUNA

La Banchina (PLANO: ❺ P.92; *labanchina.dk*) es una microscópica propuesta que sirve desayunos, almuerzos y cenas, aunque su principal atractivo es el entorno: una pequeña cala en pleno puerto, con mesas de pícnic y un muelle de madera donde uno toma una copa de vino, come exquisitos platos vegetarianos y de pescado, y pone los pies a remojo.

Quienes lo deseen podrán relajarse en su sauna de leña al aire libre *(sesión de 1¾ h para 1-8 personas 800 DKK)* y darse un chapuzón en el puerto.

Subir a CopenHill

PISTA DE ESQUÍ

CopenHill (PLANO: ❻ P. 90 Fl; *copenhill.dk; 1 h desde 200 DKK*) es fundamentalmente una planta de tratamiento de residuos con una humeante chimenea. Pero, al acercarse, uno se percata de que este prodigio arquitectónico –diseñado por el Bjarke Ingels Group– cuenta con una pista de esquí de 450 m en su cubierta y la pared de escalada más alta del mundo (85 m). Se pueden alquilar esquíes, pero casi todo el mundo sube a pie hasta el bar de la azotea. Se puede bajar en ascensor para ver el interior de esta planta que suministra energía a 90 000 hogares.

Deleitar los sentidos ÓPERA

La enorme **Operaen** (PLANO: **7** P. 90 **E1**; Ópera de Copenhague; *kglteater. dk*) ocupa un impresionante edificio diseñado por Henning Larsen, que domina esta parte del puerto frente al Amalienborg Slot. Ocupa 4100 m² y consta de 1000 salas, mientras que el techo del auditorio está revestido de 105 000 láminas de pan de oro de 24 quilates. Aunque no se vaya a la ópera, vale la pena acercarse a ver las esculturas de luz del artista danés-islandés Olafur Eliasson. Al lado, el flamante **Operaparken** (PLANO: **8** P. 90 **E1**; *operaparken.dk*) constituye una tranquila zona verde junto al puerto, donde se encuentra el restaurante **Væksthuset** (PLANO: **9** P. 90 **E1**).

Sobre el islote al sur de la Ópera asoman los llamativos gabletes de **Papirøen,** el proyecto inmobiliario más codiciado del puerto, donde en el 2025 se inauguró la vanguardista **Vandkulturhuset** (Casa de la Cultura del Agua; PLANO: **10** P. 90 **D2**), con piscinas públicas con vistas

LAS MEJORES TRAVESÍAS

GoBoat (*goboat.dk;* PLANO: **11** P. 90 **A4**) Pequeñas barcas (con capitán o sin él) propulsadas por energía solar y equipadas con una mesa de pícnic, y con capacidad para hasta 8 personas *(por libre/con capitán desde 499/999 DKK por h).*

Duffy Boat (*duffyboats.dk;* PLANO: **12** P. 92) Barcas eléctricas techadas *(6/9 personas con un capitán 1600/1900 DKK por 2 h)* más los divertidos *boaties,* extravagantes embarcaciones abiertas con varios sofás para 12 pasajeros *(con capitán 1500 DKK/h).*

FriendShips (*friendships.dk;* PLANO: **13** P. 90 **E2**) De un muelle próximo a la Isla de Papel salen estas barcas eléctricas, fáciles de manejar y que no precisan experiencia previa, con mesa de pícnic y capacidad para hasta 8 personas *(desde 549 DKK/h).*

espectaculares y acceso a una nueva zona de baño en el puerto.

Darse un chapuzón ZONA DE BAÑO

PLANO: **14** P. 90 **A4**

Insuperables baños al aire libre, los **Islands Brygge Havnebadet** (*svoemkbh.kk.dk/indhold/ havnebade; jun-sep*) cuentan con diferentes zonas para bañarse, incluidas un área infantil y otra para zambullirse desde las alturas. Hay entablado y se encuentra en el canal principal, en pleno centro.

Lo mejor para...

Localizaciones en los planos de las **pp. 90 y 92**

€ Económico €€ Medio €€€ Alto

Comer

Bocados rápidos

Broens Gadekøkken €
15 D2

Mercado de comida callejera que abarca desde cocina mexicana a ostras y crepes. Terraza exterior con vistas al puerto. Pista de hielo en invierno. *12.00-20.00, hasta 21.00 vi y sa abr-oct*

POPL €€
16 D2

Local de hamburguesas para llevar durante la pandemia, este discípulo de Noma es hoy un restaurante que conquista con sus *burgers. 12.00-15.00 sa y do, 17.00-22.30 a diario*

Reffen €
17 véase plano p. 92

Enorme mercado de comida callejera y sostenible de todo el mundo y bares de cerveza artesana junto al puerto. *12.00-20.00 abr-sep*

Panaderías y café

Lille Bakery €
18 véase plano p. 92

Para los más sibaritas, este café-panadería justifica por sí solo la visita a Refshaleøen. *8.00-hasta agotar existencias*

Lagkagehuset €
19 C4

El primer establecimiento de esta cadena de panaderías de excelente calidad. *6.00-19.00*

Hart Bageri Holmen €
20 E2

Soberbia panadería artesanal junto al canal, fundada por Richard Hart, panadero de Noma. *7.30-18.00*

Hart Bageri €
21 véase plano p. 92

Sucursal de Refshaleøen de esta panadería *gourmet* donde todo sabe a gloria. *7.30-17.00 lu-vi, hasta 18.00 sa y do*

Cocina danesa

Cafe Wilder €
22 C3

Tal como se muestra en *Borgen,* de ambiente casi parisino y con deliciosos *smørrebrød. 11.30-23.00 lu-ju, hasta 24.00 vi y sa, hasta 22.00 do*

Christianshavns Færgecafé €
23 C3

Establecimiento tradicional que sirve *smørre-brød* acompañados de *schnapps* en un histórico edificio. *11.30-15.30 diario, 17.30-21.00 lu-sa*

Kanalen €€
24 D3

Nueva cocina nórdica bellamente presentada en un local a la vera del canal. *11.30-24.00 lu-sa*

Almuerzos sin prisas

Connie-Connie €
25 véase plano p. 92

Sándwiches, sopas y demás en el café acristalado de la Copenhagen Contemporary (p. 95), en Refshaleøen. *11.00-18.00 vi-do y mi, hasta 21.00 ju*

Væksthuset €€
véase **9**

Platos daneses exquisitamente presentados. *9.00-23.00 lu-sa, hasta 16.30 do*

La Banchina €€
véase **5** en plano p. 92

Vinos naturales y platos vegetarianos y de pescado de influencia italiana, elaborados en un café situado sobre una zona de baño del puerto. *8.00-22.00 jun-ago, horario reducido sep-may*

Alta cocina

Kadeau
26 C4

Cocina con visos artísticos (y dos estrellas Michelin) inspirada en la isla de Bornholm. *18.00-24.00 ma-sa, 12.00-16.00 sa*

Barr
27 D2

En la antigua ubicación de Noma, el "Cebada" (en nórdico antiguo) promete cocina de altos vuelos según la tradición del mar del Norte. *17.00-23.00 lu-mi, 12.00-24.00 ju-sa*

Alchemist
28 véase plano p. 92

Uno de los mejores restaurantes del mundo, con un despliegue culinario compuesto por 50 platos cortesía de Rasmus Mun. *17.00-24.00 ma-vi*

Christiania

Morgenstedet
29 E3

Escondrijo *hippie* de ambiente hogareño, con una escueta y sencilla carta vegetariana, en una casa destartalada. *12.00-21.00 ma-do*

Grønsagen
30 E4

Restaurante vegetariano tipo bufé con montones de opciones veganas: una apuesta sabrosa y saciante. *12.00-19.00 mi-lu, hasta 16.00 ma*

Månefiskeren
31 E3

El "Pez luna" es un incombustible café llevado por un colectivo *hippie* que ofrece desayunos ecológicos, platos de *brunch* y una completa carta amenizada con música en directo. *11.00-19.00 ma-do*

Beber

Christianshavns Bådudlejning & Café
32 C4

Café-bar flotante con cubierta de madera frecuentado por una animada parroquia; en el canal principal de Christianshvn. *11.30-24.00*

Christiania Jazz Club
33 D3

Pequeño club de *jazz* con actuaciones en vivo de miércoles a sábado. Solo efectivo. *20.00-hasta tarde*

Woodstock Christiania Copenhagen
34 E3

Relajado y desastrado bar con mesas dentro y al aire libre. *9.00-5.00*

Eiffel Bar
35 C3

No hay que dejarse engañar por el nombre: este oscuro, añejo y fogoso local data de 1737, cuando causaba furor entre los marinos del lugar. *12.00-2.00*

Halvandet
36 véase plano p. 92

Bar-*lounge* y centro de actividades donde, además de pedir un mojito y broncearse al son de la música, se improvisan partidos de vóley-playa. *10.00-23.00*

Terrassen
37 véase plano p. 92

Amplia cervecería en el Reffen, con montones de tumbonas junto al agua y ambiente festivo. *10.30-22.30 lu-ju, hasta 23.30 vi y sa, hasta 21.30 do*

Comprar

Rosforth & Rosforth
38 C3

Una vinatería gestionada por Pontus Elofsson (ex sumiller jefe de Noma) solo puede ser garantía de calidad. *9.00-19.00 lu-vi, desde 12.00 sa*

GANNI Postmodern
39 C4

Diseños de la temporada pasada, a precios asequibles, de la marca danesa GANNI. *10.00-18.00 lu-sa, hasta 17.00 do*

Sugerencias
de lugares para
comer y beber
en **p. 113**

Explora
Nørreport

Las calles de Nørreport, el área comprendida entre el centro y los lagos de Copenhague, discurren al sur de los lagos flanqueadas de edificios de los ss. XVII-XIX. Más allá del ajetreo de los aledaños de la estación, es una zona de estética elegante con multitud de espacios verdes. Destacan los invernaderos de las galerías de comida del mercado TorvehallerneKBH y la serena sofisticación de Nansensgade, tachonada de cafés, bares y alguna que otra tienda interesante. También aquí se halla el Statens Museum for Kunst, la Galería Nacional de Dinamarca y el Rosenborg Slot. Este pequeño pero exquisito castillo es como una joya a resguardo del Kongens Have, uno de los parques más bellos de la ciudad. En verano, cuando abren cafés en pabellones aquí y allá, es ideal para ir de pícnic.

Cómo desplazarse

 Metro

Pegadas al mercado TorvehallerneKBH, las estaciones de tren y de metro Nørreport convierten la zona en un útil nudo de comunicaciones.

 S-tog

Todas las líneas paran en la estación Nørreport. Los trenes A, B y C van en dirección norte hacia las estaciones Nordhavn y Svanemøllen, y los convoyes con rumbo sur paran en Vesterport y en la estación Central. Tomando el tren regional de Helsingør hasta Humlebæk se llega al Museo de Arte Moderno Louisiana.

 Autobús

Los buses 5C y 350S con sentido oeste conectan Nørreport con Nørrebro. El 5C (sentido sur) va a los Jardines del Tivoli y a la estación Central.

Rosenborg Slot (p. 103).
MICHAEL MULKENS/SHUTTERSTOCK ©

LO MEJOR

CAFÉ
Coffee Collective (p. 109)

GRATIS
Davids Samling (p. 110)

BOLLERÍA
Albatross & Veneer (p. 109)

HAMBURGUESAS
BOBS (p. 113)

CERVEZA
Bankeråt (p. 113)

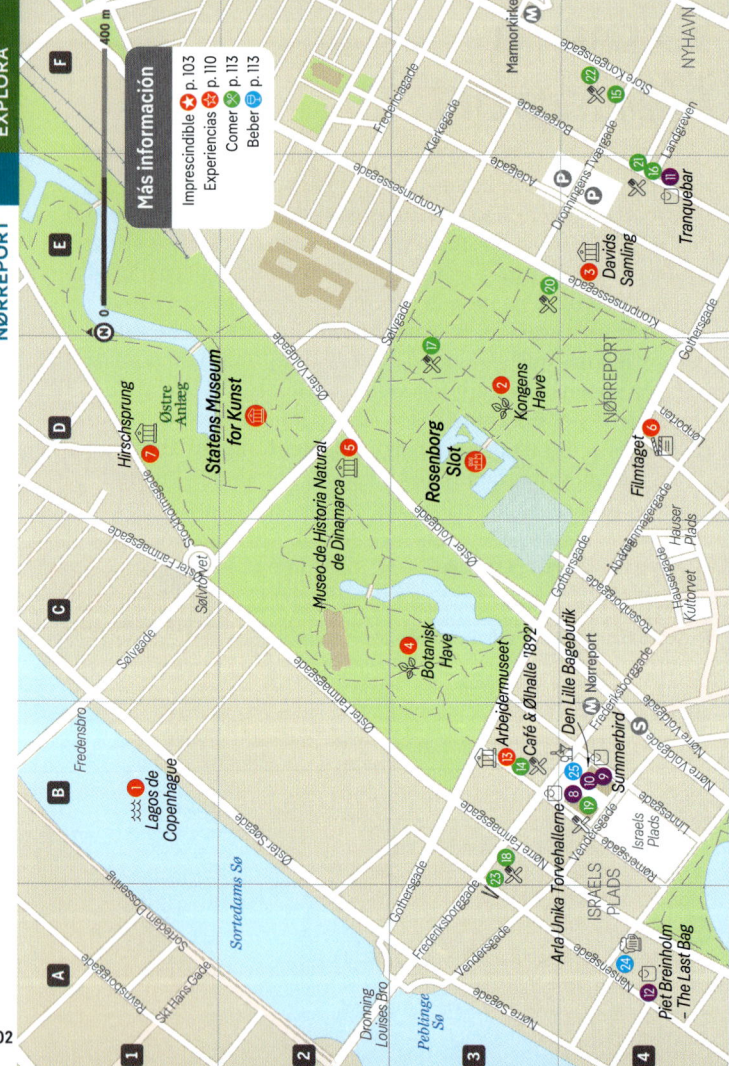

Más información

Imprescindible ⭐	p. 103
Experiencias ✴	p. 110
Comer ✖	p. 113
Beber 🍷	p. 113

400 m

Lagos de Copenhague

Hirschsprung

Østre Anlæg

Statens Museum for Kunst

Museo de Historia Natural de Dinamarca

Botanisk Have

Rosenborg Slot

Kongens Have

Davids Samling

Tranquebar

NYHAVN

Marmorkirken

NØRREPORT

Filmtaget

Arbejdermuseet

Café & Ølhalle "1892"

Den Lille Bagebutik

Arla Unika Torvehallerne

Norreport

Summerbird

ISRAELS PLADS

Piet Breinholm – The Last Bag

Sortedams Sø

Peblinge Sø

★ **IMPRESCINDIBLE**

Rosenborg Slot

Este refinado castillo rodeado de un foso es pequeño pero formidable, luce ladrillos rojos exquisitamente dispuestos y chapiteles de cobre que con el tiempo se han tornado azul aturquesado. Su interior, decorado de arriba abajo, abarca desde retratos de miembros de la realeza y ventanas emplomadas a tapices y extrañas figuras en ornamentados estuches, además de atesorar las joyas de la Corona danesa en el sótano.

PLANO: P. 102 **D3**

Acerca del Rosenborg Slot

Este palacio de cuento de hadas se erigió entre 1606 y 1633, bajo el reinado de Cristián IV, como residencia de verano del monarca en la capital. Su hijo, Federico III, lo modernizó, pero en el s. XVIII, Federico IV consideró que era demasiado pequeño y construyó el Fredensborg, de mayores dimensiones, en el norte de la ciudad. En los años posteriores, el Rosenborg se utilizó principalmente para actos oficiales y como depositario de las reliquias de la monarquía. En la década de 1830, la familia real decidió abrir el castillo al público como museo donde exponer el tesoro de la Corona.

Las 24 salas superiores del castillo albergan los enseres y retratos de cada monarca danés, desde Cristián a Federico VII. En la "sala oscura" hay retratos de cera de personajes de la realeza. También allí se encuentra la ingeniosa silla de Federico III: una hilarante creación en la que, al sentarse, uno quedaba atrapado a los reposabrazos por tentáculos mecánicos para, acto seguido, recibir un chorro de agua y terminar sobresaltado ante el sonido de una burlesca trompeta escondida que sonaba cuando uno trataba de levantarse.

CONSEJO
Se evitarán colas comprando las entradas en línea; para entrar, basta con escanear el código de acceso en la franja horaria deseada.

Escanea este código QR para más información práctica.

SIMONE CRESPIATICO/SHUTTERSTOCK ©

UNA PAUSA
En el Kongens Have, en los contornos del palacio, se halla el sombreado café **Herkules Pavillonen,** con mesas frente a un edificio con soportales (solo may-sep).

Otra estancia destacada del complejo es la refinada sala de mármol, que originalmente fueron los aposentos de Kirsten Munk, la esposa morganática de Cristián IV (de linaje inferior), dotados de un renovado esplendor barroco en el s. XVII.

Aposentos de invierno de Cristián IV

La **sala 1** se ha sometido recientemente a una restauración para recuperar sus revestimientos de madera, realizados por el ebanista Gregor Greuss a principios del s. XVII. Desde 1616, Cristián IV empezó a añadir pinturas a su decoración y, hoy, 95 obras adornan los paneles. Además, el estuco original del techo se reemplazó con las pinturas mitológicas que hoy lo embellecen, obra del pintor danés de origen holandés Pieter Isaacsz. En el s. XVIII se instalaron ventanas junto a la chimenea. No hay que perderse un tablero de mesa florentino del s. XVII y el reloj astronómico del s. XVI.

Aposentos de Cristián IV
Tal era la fascinación de Cristián IV por este palacio, que cuando vio que estaba próxima su muerte en el Frederiksborg, pidió que le trasladaran a su castillo predilecto. Murió en este dormitorio de la planta baja el 28 de febrero de 1648, y en él se conservan sus pantuflas y gorro de dormir, además de las vestimentas manchadas de sangre que llevaba en la batalla naval de Kolberger Heide.

Contiguo a la estancia se encuentra el baño alicatado del monarca, mandado remodelar por Federico IV en 1705. Los vertidos del retrete real se evacuaban directamente al foso.

Sala de los Espejos
En la 1ª planta aguarda esta sala revestida de espejos. Inspirada en el palacio de Versalles, es una diminuta rareza barroca diseñada para Federico IV, quien adoraba verse desde todos los ángulos. Una escalera de caracol la comunicaba con sus aposentos, contiguos a su vez a una estancia en la que guardaba una colección de contenido erótico.

Salón de los Caballeros
Utilizada también como salón de baile, en esta estancia pueden verse los tapices del Rosenborg (s. XVII), que ilustran la victoria de Dinamarca en la Guerra de Escania (1675-1679), y los tronos de coronación. Las salas anexas albergan una colección de porcelana real y otra de cristalería veneciana.

Joyas de la Corona
El **sótano** del palacio posee una colección de joyas reales, incluidas las pesadas coronas de oro de Cristián IV y Cristián V, y la espada con incrustaciones de piedras preciosas de Cristián III.

**CRISTIÁN IV
'EL CONSTRUCTOR'**
Cristián IV accedió al trono con apenas 19 años, e inspirado por la arquitectura que había visto en sus viajes, promovió un sinfín de construcciones. A iniciativa suya se erigió el **castillo de Frederiksborg,** así como numerosos bastiones y fortificaciones, y subió los impuestos para financiar la reconstrucción del **castillo de Kronborg** tras quedar arrasado por un incendio. Su apetito no se limitaba a la construcción: tuvo 24 hijos con cinco mujeres distintas, 12 de ellos con Kirsten Munk, su esposa predilecta.

★ **IMPRESCINDIBLE**

Statens Museum for Kunst

La Galería Nacional de Dinamarca es la institución preeminente del país en materia de arte, ubicada en un edificio dotado de una inmensa pared acristalada con vistas al parque. Su colección, de más de 70000 piezas, comprende grandes artistas patrios como Anna Ancher, Asger Jorn y Vilhelm Hammershøi, y obras de maestros internacionales, antiguos y modernos, incluidos Rembrandt, Tiziano, Alberto Durero y Louise Bourgeois.

PLANO: P. 102 **D2**

CONSEJO
Este museo es una opción genial en caso de lluvia. Se recomienda dedicarle 2-3 h, a poder ser más. Cuenta con un excelente café y una tienda.

Escanea este código QR para más información práctica.

Históricos pesos pesados

Fundado en un principio como una colección real, aquí pueden pasarse horas viendo eclécticas obras de arte como, p. ej., *El juicio de Salomón* (c. 1617) de Rubens, o *Cristo como Redentor sufriente* (c. 1495–1500) de Andrea Mantegna, considerado uno de los mejores lienzos del artista. El trampantojo de Cornelis Gijsbrechts representa la parte posterior de un cuadro: un llamativo concepto moderno plasmado en el s. XVII. Destacan también los sensacionales grabados de Alberto Durero y los singulares búhos vestidos pintados por Adriaen Pietersz van de Venne en el s. XVII.

Estrellas escandinavas

Es notoria la presencia de artistas escandinavos, incluido el noruego Edvard Munch, entre cuyas obras figuran *Trabajadores que regresan a casa,* la desoladora *Invierno en Nordstrand* y la más tradicional *Tarde de verano* (foto). Es obligado ver la agonizante *Filoctetes herido* (1775) de Nicolai Abildgaard y *Paisaje invernal cerca de Vordingborg, Dinamarca* (1829) de Johan Christian Dahl, donde casi se percibe la escarcha. No menos evocador resulta *Mar tormentoso,* de Jen Søndergaard, mientras que Vilhelm Hammershøi optó por plasmar interiores monocromáticos y minimalistas en óleos como *Interior en Strandgade, luz del sol en el suelo* (1901), en el que aplicó 20 tonalidades de blanco.

ARTGEN/ALAMY STOCK PHOTO ©

Maravillas francesas

Johannes Rump reunió a principios del s. XX una de las mayores colecciones de Matisse del mundo, la cual terminaría donando al museo en 1928. La obra más célebre de esta es *Madame Matisse* (o *La raya verde)*, un retrato de la mujer del artista con una raya verde sobre su rostro. Otros grandes maestros aquí representados son Picasso, Braque y Modigliani.

Arte moderno

Recorriendo la acristalada y vanguardista "calle de las esculturas" del museo se apreciarán los cambiantes colores del parque mientras se admira una sucesión de creaciones plásticas que abarca desde figuras a obras abstractas. En el ala moderna hay un pasillo que funciona de línea cronológica, con piezas de artistas como Poul Gernes, Max Ernst y Lilibeth Cuenca Rasmussen, entre otros. No faltan picantes obras conceptuales ni piezas inmersivas como la instalación *Please, keep quiet* (2003), la simulación de una sala de hospital por parte del danés Michael Elmgreen y el noruego Ingar Dragset.

**UNA PAUSA
Kafeteria,**
el magnífico y luminoso café del museo, sirve tortitas y tostadas de pan de masa madre por la mañana, más tentempiés por la tarde.

Paseo por el mercado TorvehallerneKBH

Bajo los altos techos de dos edificios tipo invernadero, este edén culinario alberga puestos de comida que venden desde carne a pescado, a los que los daneses recurren cuando desean celebrar una ocasión especial. Rebosante de productos *gourmet,* es un magnífico destino gastronómico, ideal para darse un festín a base de *smørrebrød, sushi* u otras delicias.

INICIO	FINAL	DISTANCIA
Pabellón 2	Pabellón 1	500 m; 1-2 h

1 Panadería

Por extraño que pueda parecer, lo indicado es empezar este recorrido en el pabellón 2, donde se prueba la exquisita bollería de **Albatross & Veneer,** conocido por sus BMO (panecillos de centeno con queso y mantequilla). Se trata de una colaboración entre la panadería alemana Albatross –Simon Olesen, del Restaurant Møntegrade– y Denny y Sarah Vangsted, del puesto de productos *gourmet* Omegn & Venner.

2 Gachas

Si no apetece algo dulce, **Grød** propone una versión moderna de las gachas de avena, acompañadas, p. ej., de caramelo salado o crujientes pedacitos de manzana. Pero no todo aquí gira en torno al desayuno: para el almuerzo sirven deliciosas creaciones saladas, como *daal* o *congee* con pollo.

3 Especias

Muy cerca se puede echar un vistazo al impresionante surtido de especias de **ÅŠÅ Spice,** traídas de todos los rincones del planeta y ecológicas en su mayoría.

4 Paraíso del chocolate

Después del excelente bar de ensaladas Smag se topa con **Summerbird,** que ofrece chocolate crudo sin conservantes ni aditivos. Su mazapán se elabora con almendras de Valencia (75%) y azúcar (25%). También se les conoce por sus *flødeboller,* un dulce inventado en Dinamarca en la década de 1800, consistente en una crema de merengue recubierta de una fina capa de chocolate, con base de mazapán.

5 Nirvana cafetero

Coffee Collective es genial para una dosis de cafeína, ya sea un *espresso* afrutado o un cortado, elaborados con una preciosa cafetera Kees van der Westen y servidos en una larga barra de madera. Los más cafeteros querrán probar el café filtrado en una Kalita Wave.

6 Menaje

Para emular al protagonista de la famosa serie *The Bear* solo hay que visitar **Den Lille Bagebutik,** con una preciosa selección de utensilios de cocina, incluidos artículos *vintage* y reciclados.

7 Parada para el almuerzo

En el pabellón 1 esperan los apetitosos *smørrebrød* de **Hallernes Smørrebrod** y las raciones y pinchos de **Tapa del Toro,** que emplea desde pulpo y calamar a suculento jamón cortado a mano.

8 El queso como protagonista

Tras dar buena cuenta de las tapas, toca paladear el celestial queso de **Arla Unika Torvehallerne;** también lo venden envasado al vacío.

EXPERIENCIAS

Pasear junto a los lagos

ZONAS ACUÁTICAS

PLANO: **1** P. 102 **B1**

En el centro de Copenhague hay tres **lagos** (Søerne) contiguos entre sí: Peblinge Sø, Sortedams Sø y Sankt Jørgens Sø. Originalmente un arroyo, su caudal quedó almacenado mediante presas que dieron lugar a embalses, que además cumplían una función defensiva en caso de ataque. Hoy, son uno de los lugares favoritos de los residentes para pasear, correr o montar en bici. Una carretera discurre junto a la parte más próxima a Nørreport, mientras que en la orilla de enfrente –mucho más tranquila– solo se observa un carril-bici. Está bordeado de restaurantes, y un bar que se adentra en el agua alquila barcas a pedales en forma de cisne.

Dar un garbeo por el Jardín del Rey

PARQUE

PLANO: **2** P. 102 **D3**

El **Kongens Have** (*parkmuseerne. dk/kongens-have*), el parque más antiguo de la capital, se diseñó a principios del s. XVII a petición de Cristián IV, quien lo usaba como su propio huerto. Hoy es un romántico enclave surcado de senderos que

incluye una aromática rosaleda, extensos parterres mixtos y varios pabellones que albergan *boutiques,* cafés y restaurantes. Gusta mucho entre los peques su teatro de marionetas, que ofrece espectáculos gratis de junio a agosto *(14.00 y 15.00, ma-do)* y ocupa uno de los pabellones neoclásicos diseñados por el arquitecto danés Peter Meyn.

Maravillar ante el insólito arte islámico

MUSEO

PLANO: **3** P. 102 **E4**

Junto al Kongens se yergue **Davids Samling** *(www.davidmus.dk; gratis),* una evocadora mansión que alberga una extraordinaria colección de arte islámico, recopilada por el abogado Christian Ludvig David, quien se hizo con estos espléndidos tesoros durante sus viajes. La colección consta de joyas, cerámica y seda, incluida la aldaba de los dos dragones de Ulu Jami, robada en 1969 de la gran mezquita de Cizre (Turquía). La colección, gestionada por una fundación creada por el propio C. L. David, se exhibe en su antigua residencia, que data de 1806 y aún conserva un lustre sobrio.

 VIERNES DE FIESTA Y ARTE

Los SMK Fridays ofrecen una oportunidad única de vivir el Statens Museum for Kunst en un ambiente animado y sociable que se prolonga hasta tarde. Durante estas veladas se puede explorar la colección del museo al tiempo que se disfruta de una oferta de arte, charlas, música en directo y bebidas. Cada evento se centra en una temática específica o en una muestra actual, lo que aporta una perspectiva distinta. La entrada es gratuita.

Deambular entre mariposas

JARDÍN BOTÁNICO

PLANO: **4** P. 102 **C3**

Ideal para un día fresco o de lluvia, el **Botanisk Have** (Jardín Botánico; *botanik.snm.ku.dk*) permite transportarse a los trópicos en su **Palmehus** *(adultos/niños 70/40 DKK; incl. Museo de Historia Natural 115/50 DKK),* un elegante invernadero de 1872, inspirado en el londinense Crystal Palace. La sección circular principal cuenta con unas escaleras de caracol de hierro que conducen a una pasarela elevada con vistas a la 'selva'. Sus bambúes crecen la friolera de 40 cm al día y su higuera más antigua data de 1860. También hay un mariposario en el que revolotean unas 60 especies tropicales. El jardín forma parte del Museo de Historia Natural (p. 111) y en el momento de redactar esta guía estaba previsto que abra un nuevo museo.

Ahondar en la historia natural

MUSEO

PLANO: **5** P. 102 **D2**

En el extremo noreste del Jardín Botánico, el **Museo de Historia Natural de Dinamarca** *(www. geologi.snm.ku.dk; adultos/niños 115/50 DKK)* muestra exposiciones de temática dispar: desde los neandertales hasta el mundo de los minerales y las piedras preciosas, incluido un meteorito de 16 toneladas procedente del espacio. En el 2024, el museo inauguró en el recinto del Jardín Botánico un vanguardista edificio con tres plantas de exposiciones subterráneas y un invernadero.

LOS MEJORES PUNTOS DE INTERÉS GRATIS

En la zona hay muchos, varios a considerar son:

Botanisk Have: un jardín botánico de acceso gratis (salvo los invernaderos). PLANO: **4** P. 102 **C3**

Davids Samling: museo islámico (p. 110) con exquisitas artes decorativas. PLANO: **3** P. 102 **E4**

Kongens Have: el Jardín del Rey (p. 110), un coqueto y encantador parque. PLANO: **2** P. 102 **D3**

Lagos de Copenhague: en pleno centro, ideales para pasear, correr o montar en bici (p. 110). PLANO: **1** P. 102 **B1**

SMK Fridays: noches de ocio gratis en la Galería Nacional (p. 106). PLANO: **5** P. 102 **D2**

Ver un filme en una azotea

CINE

PLANO: **6** P. 102 **D4**

Inaugurado en el 2024 en la azotea de **Filmtaget** *(filmtaget.dk; acceso gratis; películas 95 DKK),* este cine al aire libre cuenta con una cubierta por si hiciera mal tiempo. La sensacional producción cinematográfica nacional, con filmes galardonados como *La tierra prometida* y *Otra ronda,* se debe en buena medida a la magnífica labor del Instituto de Cine Danés, cuya sede se encuentra aquí.

Descubrir arte patrio en una casa solariega
GALERÍA

PLANO: **7** P. 102 **D1**

Originalmente la colección privada del magnate del tabaco Heinrich Hirschsprung, el **Hirschsprung** (*hirschsprung.dk; adultos/niños 110/80 DKK*) es una deliciosa galería que deleita a los amantes del arte con muchas sorpresas, incluidos lienzos de pintores de la Edad de Oro como C. Købke y C. W. Eckersberg, una notable selección de artistas de Skagen (incl. P. S. Krøyer y Anna y Michael Ancher), y obras de los simbolistas daneses y los pintores de Fionia.

Comprar viandas y más
COMPRAS

Para surtirse de exquisiteces danesas para llevar a casa o disfrutar durante la estancia, el mercado TorvehallerneKBH es insuperable, con puestos de alimentos *gourmet* como **Arla Unika Torvehallerne** (PLANO: **8** P. 102 **B4**), especializado en quesos, **Summerbird** (PLANO: **9** P. 102 **B4**), con irresistibles bombones artesanales, o **Den Lille Bagebutik** (PLANO: **10** P. 102 **B4**), dedicado a los utensilios de cocina. A un paso queda **Tranquebar**

(PLANO: **11** P. 102 **E4**), una librería antes especializada en viajes que ahora también abarca obras literarias universales. Los entusiastas de los accesorios no querrán perderse **Piet Breinholm - The Last Bag** (PLANO: **12** P. 102 **A4**), conocida por sus bolsos clásicos en diferentes tamaños y colores, siempre fabricados con piel de primera obtenida de una curtiduría brasileña ecosostenible.

Repasar el mundo del proletariado
MUSEO

Quienes viajen con niños encontrarán en el **Arbejdermuseet** (PLANO: **13** P. 102 **B3**; Museo de los Trabajadores; *arbejdermuseet.dk/en; adultos/niños 130 DKK/gratis*) una fascinante sección infantil en la que los chavales podrán aprender cómo era la vida en el s. XIX para los chicos de su edad, cuya cotidianeidad incluía actividades como clasificar en la fábrica de cerveza o tratar con prestamistas. En el museo principal se verán interiores de época y un imponente salón. No admite réplica el sublime **Café & Ølhalle '1892'** (PLANO: **14** P. 102 **B3**), en el sótano.

🏛 **ANTIGUAS FORTIFICACIONES**

Al parque que se extiende desde el Statens Museum for Kunst a la estación de trenes Østerport se lo conoce como Østre Anlæg. Su superficie formaba parte del antiguo sistema de fortificaciones de Copenhague: una serie de fosos y murallas alrededor de la ciudad medieval que se mantuvo hasta el s. XIX. Diseñado por el paisajista H. A. Flindt combinando bosques y lagos, el parque apenas ha cambiado desde que el pintor posimpresionista francés Paul Gauguin capturara su belleza en su cuadro *Østre Anlæg* (1885).

Lo mejor para...

 Económico   Medio   Alto

Localizaciones
en el plano de la
p. 102

Comer

Hamburguesas

BOBS ⓔ

15 F4

Deliciosas hamburguesas preparadas con carne ecológica. *11.00-20.30*

Gasoline Grill on Landgreven ⓔ

16 E4

Célebre por sus hamburguesas, el primer local de esta cadena se encuentra en una antigua estación de servicio. *11.00-hasta agotar existencias*

Cafés y panaderías

Herkules Pavillonen ⓔⓔ

17 D3

Encantador café en el Kongens Have, con un pabellón con columnas de piedra dorada y mesas al fresco. *9.00-19.00 ma-sa, hasta 18.00 do y lu*

Landbageriet ⓔ

18 B3

Su repostería incluye opciones veganas y sin gluten. *6.30-18.00. lu-vi, 7.00-16.00 sa y do*

Danesa e internacional

Hallernes Smørrebrød ⓔ

19 B4

Su dirección en el Torvehallerne augura clásicos como *fiskefilet* con salsa *remoulade* o cerdo asado con lombarda encurtida. *10.00-19.00 lu-vi, hasta 18.00 sa y do*

Orangeriet ⓔⓔ

20 E3

Invernadero de época en pleno Kongens Have, que sirve *smørrebrød* con visos artísticos y sofisticados platos que combinan ingredientes escandinavos. *11.30-15.00 y 18.00-22.00 lu-sa, 12.00-16.00 do*

Pluto ⓔⓔ

21 E4

Bistró con una deliciosa carta de temporada con creaciones como *linguine* a la trufa con anchoas. *17.30-24.00 lu-ju, hasta 2.00 vi y sa, hasta 23.00 do*

Ambra ⓔⓔ

22 F4

La *focaccia* sabe a gloria en este restaurante italiano comandado por el galardonado chef Michelin Andreas Bagh. *17.00-1.00, hasta 2.00 vi y sa*

Slurp Ramen Joint ⓔⓔ

23 B3

Los fideos presumen de un pedigrí más que sobresaliente, pues Philipp Inreiter, su chef jefe, ha pasado por los fogones de Hototogisu y Noma. *11.30-15.00 y 17.00-22.00*

Beber

Bankeråt

24 A4

Su extraña decoración a base de taxidermia crea un insólito marco para disfrutar de unas cervezas artesanas. *10.00-23.00 lu-ma, hasta 24.00 mi-do*

Pavillon de Verre

25 B4

En esta coctelería del Torvehallerne, el cliente solo tiene que decirles sus sabores preferidos a los mixólogos para que preparen una bebida personalizada: una fórmula más que interesante. *10.00-20.00 lu-ju, hasta 21.00 vi y sa, hasta 19.00 do*

Sugerencias
de lugares para
comer, beber
y comprar en
p. 124

Explora
Nørrebro

Elegido el barrio más *cool* del mundo por *Time Out* en el 2021, esta zona de edificios del s. XIX presenta un mayor componente multicultural que otros distritos de Copenhague. Que sea más o menos moderno es tal vez cuestionable, pero lo que no admite dudas es que se trata de uno de los rincones con más tirón de la ciudad, con montones de pequeños bares, restaurantes y tiendas independientes. En sus lindes se hallan la abrumadora Grundtvigs Kirke y el Assistens Kirkegård, última morada de Hans Christian Andersen. Al norte se localiza Østerbro, que a diferencia del alternativo Nørrebro, aglutina edificios, cafés y bistrós más selectos, así como el sublime Enigma Museum.

Cómo desplazarse

 Autobús

Los buses 5C y 350S circulan por Nørrebrogade, en Nørrebro. Tomando el 5C en sentido sureste se va a los Jardines del Tivoli y a la estación Central, mientras que el 350S (también en sentido sureste) es útil para Nyhavn y Christianshavn. El bus 68 une Nørrebro con el Tivoli y la estación Central. El 1A recorre Østerbrogade, conectando Østerbro con el centro.

 S-tog

Casi todas las líneas paran en Nordhavn, desde donde es fácil abordar el barrio portuario de Nordhavn. La siguiente estación al norte es Svanemøllen, en el extremo norte de Østerbro.

LO MEJOR

ARQUITECTURA
Grundtvigs Kirke (p. 117)

CAFÉ
Darcy's Kaffe (p. 124)

PARA LLEVAR
Ali's Bageri (p. 124)

PANADERÍA
Juno the Bakery (p. 124)

MUSEO
Ordrupgaard (p. 126)

Grundtvigs Kirke (p. 117).
MISTER_KNIGHT/SHUTTERSTOCK ©

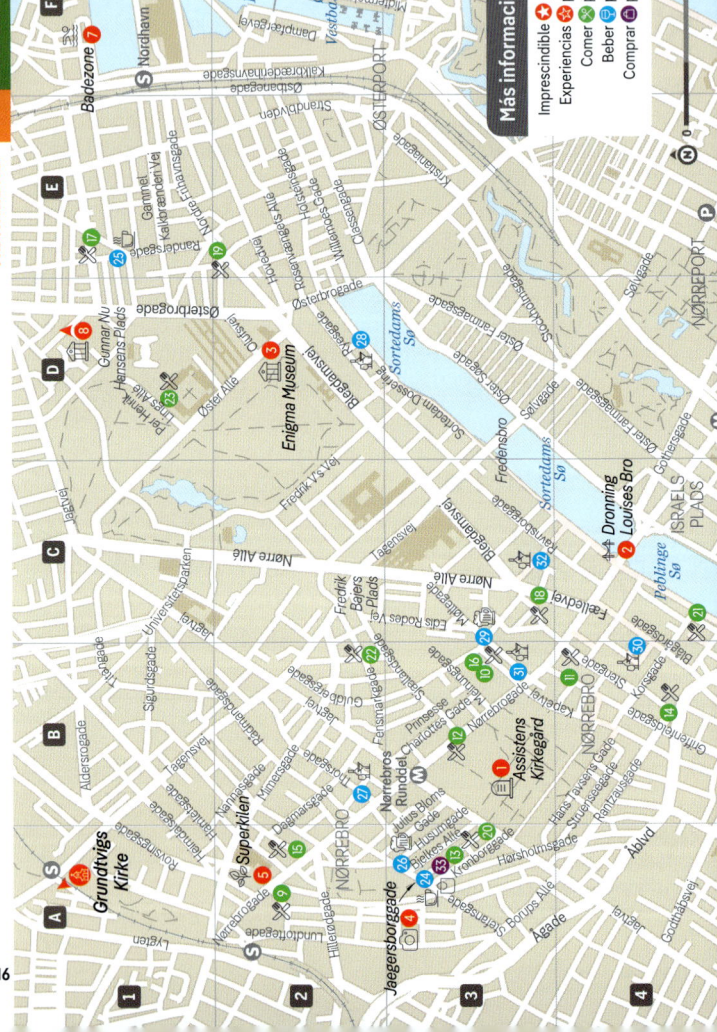

Más información

Imprescindible ⚹ p. 117
Experiencias ⚹ p. 122
Comer ✗ p. 124
Beber 🍺 p. 125
Comprar 🛍 p. 125

0   500 m

Kondiaget Lüders 6

Badezone 7 Nordhavn

Enigma Museum 3

Gunnar Nu Hansens Plads 8

Dronning Louises Bro 2

Assistens Kirkegård 1

Grundtvigs Kirke

Superkilen 5

⭐ **IMPRESCINDIBLE**

Grundtvigs Kirke

Inmediatamente al norte de Nørrebro, en el limítrofe distrito de Bispebjerg, a esta iglesia de la década de 1920 se la conoce en las redes sociales como la "iglesia de Shrek", pues según dicen sirvió de inspiración para la famosa película de animación. Se erigió en honor al teólogo N. F. S. Grundtvig, el obispo y docente que sentó las bases que cimentan la educación escandinava.

PLANO: P. 116 **A1**

Alrededores

Tanto la extraordinaria iglesia –construida con seis millones de ladrillos amarillos– como los edificios circundantes fueron diseñados por el arquitecto Peder Vilhelm Jensen-Klint. No lejos se encuentra el cementerio de Bispebjerg, con avenidas jalonadas de cerezos. Tras la muerte de Jensen-Klint, fue su hijo, el emblemático diseñador de muebles modernos Kaare Klint, quien culminó la construcción del templo.

El edificio

Peder Vilhelm Jensen-Klint estudió las iglesias rurales de Selandia, con sus característicos frontones escalonados, para inspirarse en el diseño simplificado de que dotó al edificio, cuya altura terminaría siendo de 22 m. Asimismo, se observa un increíble caudal de líneas que produce una extraña fusión de arquitectura modernista y gótica, mientras que la fachada recuerda al órgano de una iglesia.

Interior

Dentro, la falta de decoración y los sencillos ladrillos pajizos, combinados con altísimos arcos góticos, crean una sensación de paz y belleza. Por sus esbeltos ventanales emplomados se filtra una suave luz, y su sillería modernista fue diseñada por el propio Kaare Klint.

CONSEJO
Conviene asegurarse de que la iglesia esté abierta antes de desplazarse hasta ella; lo mejor es llamar previamente.

Escanea este código QR para más información.

CIRCUITO A PIE

Paseo por Nørrebro

EXPLORA

NØRREBRO

En este recorrido a pie o en bici se verá lo más destacado del multicultural y artístico Nørrebro. La ruta comienza con vistas a los lagos e incluye anticuarios, el cementerio Assistens, la calle más de moda del barrio y el Superkilen, un singular parque urbano que constituye una oda a la diversidad.

INICIO	FINAL	DISTANCIA
Dronning Louises Bro	Superkilen	2,7 km; 1 h

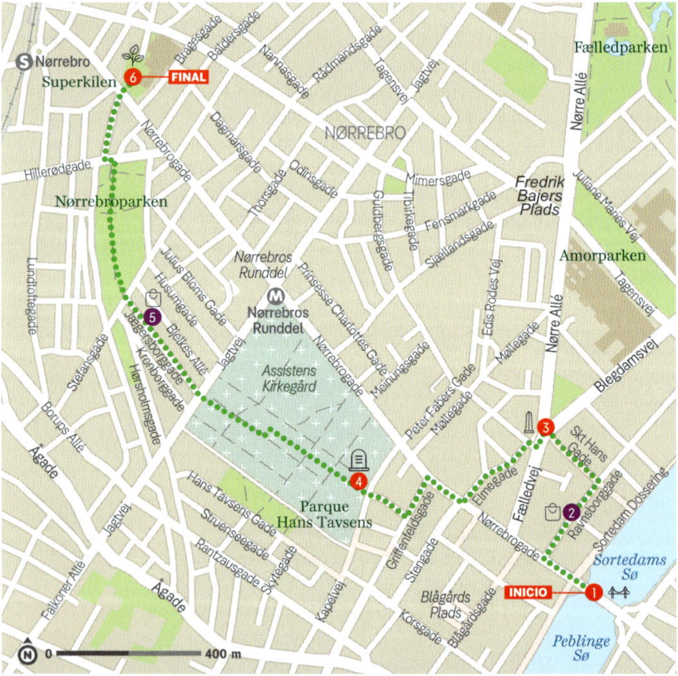

1 Dronning Louises Bro

La ruta empieza en el **Dronning Louises Bro,** el puente que cruza los lagos de Copenhague, popular punto de encuentro para dar un paseo al sol o, al caer la tarde, tomar unas cervezas e incluso bailar con vistas al agua.

2 Ravnsborggade

Se camina una manzana por Nørrebrogade, antes de torcer a la derecha por **Ravnsborggade,** una calle salpicada de anticuarios, entre otros Veirhanen, repleto de vajillas y lámparas *vintage*. Más allá, en el nº 15, se encuentra Gyrn Antik, también abarrotada de tesoros escandinavos. Y en el nº 22, Godt Fund Vintage, con lámparas, jarrones y láminas. Desde allí, se gira a la izquierda por Sankt Hans Gade.

3 Sankt Hans Torv

He aquí **Sankt Hans Torv** (plaza de San Juan), bordeada de edificios decimonónicos y dominada por la neogótica iglesia de San Juan, originalmente emplazada extramuros. La enorme escultura de granito instalada en medio de la plaza es obra de Jørgen Haugen Sørensen.

4 Assistens Kirkegård

Desde Sankt Hans Torv, se continúa por Elmegade. Luego se tuerce a la derecha por Nørrebrogade, a la izquierda por Griffenfeldsgade y a la derecha por Bangertsgade para recalar en el **Assistens Kirkegård,** el camposanto local donde yacen los restos de varias leyendas, incluidos Hans Christian Andersen, el filósofo Søren Kirkegaard y el físico Niels Bohr, galardonado con el Nobel por su investigación acerca de la estructura de los átomos.

5 Jægersborggade

Luego se enfila hacia **Jægersborggade,** que tras una profunda transformación en la última década, se ha convertido en uno de los enclaves más chic e interesantes por estos lares. Algunas tiendas dignas de verse son la sombrerería Wilgart, la joyería Ladyfingers, la panadería Meyers Bageri y la tienda *vintage* Tú a Tú. Coffee Collective es fantástico para cargar pilas con un rico café.

6 Superkilen

Se atraviesa el parque al norte de Jægersborggade, hoy renovado por completo. E inmediatamente al norte se llega al **Superkilen,** un contemporáneo parque urbano dominado por un conjunto de franjas blanquinegras que ondulan fotogénicamente. Además de contar con un *skatepark,* un cuadrilátero de boxeo tailandés y mesas para jugar al ajedrez, es un buen sitio para observar a la gente.

CIRCUITO A PIE

Paseo por Østerbro

Llamado "Puente del Este", en referencia a la antigua puerta oriental de la ciudad, Østerbro es un barrio residencial, caro y apacible, lleno de edificios de los ss. XVIII y XIX, cafés de lo más chic, floristerías y apartamentos bien decorados. Esta ruta se puede hacer en bici y, además, promete varias paradas fantásticas para mimarse con algo dulce y un café de otra galaxia.

INICIO	FINAL	DISTANCIA
Sortedams Sø	Rosenvænget	3,3 km; 2-3 h

1 Sortedams Sø

El **Sortedams Sø** (lago de la Presa Negra), el más septentrional de los tres grandes lagos del centro de Copenhague, alberga una islita conocida como Fugleøen (isla de los Pájaros), que fiel a su nombre, sirve de santuario de muchas especies de aves (en su mayoría cormoranes) que habitan en los lagos.

2 Enigma Museum

Al cabo de unos minutos, yendo en dirección este, se topará con el **Enigma Museum** en la antigua oficina de correos: una fascinante atracción dedicada a la comunicación que, además, cuenta con un magnífico café y restaurante. No hace falta pagar entrada para acceder al sótano y entretenerse con los juegos retro que allí hay; para jugar hay que comprar una tarjeta en la recepción.

3 Olufsvej

La ruta avanza hacia **Olufsvej**, una calle flanqueada de coloridas casas de clase obrera del s. XIX, embellecidas con malvarrosas en verano. Hoy en día, en estas viviendas residen periodistas reputados.

4 Brumleby

A primera de cambio se revela **Brumleby,** un pintoresco distrito de casas ocre y blancas con tejados de pizarra y jardín, construidas para dar techo a gente con pocos recursos tras la epidemia de cólera de 1853. Hay que fijarse en el curioso parquecito construido en el 2006 conservando la estética de las casas aledañas. El proyecto contemplaba una casa de baños, una casa de juntas y una tienda de carpintería. Los escritores daneses Martin Andersen Nexø *(Pelle el Conquistador)* y Peter Høeg *(La señorita Smilla y su especial percepción de la nieve)* fueron vecinos de Brumleby.

5 Trafiklegepladsen

Se continúa al norte hacia el Fælledparken, un enorme parque con un lago, para llegar al siguiente destino: el extraordinario **Trafiklegepladsen** (parque del Tráfico), con un diseño que incluye carreras, semáforos y pasos peatonales. Es una opción genial si se viaja en familia, pues hay bicis gratis para menores de 8 años, que podrán pedalear por el lugar y practicar sus nociones de seguridad vial en un espacio a su medida.

6 Rosenvænget

Rosenvænget es la zona residencial periférica más antigua de Copenhague, de mediados del s. XIX. El nº 46 de Rosenvaengets Allé lo diseñó Vilhelm Dahlerup, creador de la Ny Carlsberg Glyptotek.

Ver tumbas ilustres — CEMENTERIO

PLANO: **1** P. 116 **B3**

En el **Assistens Kirkegård** (*assistens.dk*) reposan algunos de los personajes más célebres de Dinamarca, como el filósofo Søren Kierkegaard, el físico Niels Bohr, el escritor Hans Christian Andersen, y los artistas Jens Juel, Christen Købke y C. W. Eckersberg. En la entrada principal, en Kapelvej, dispensan un plano desplegable con los puntos de interés del lugar.

Alternar con los lugareños — PUENTE

PLANO: **2** P. 116 **C4**

Construido en 1887 en estilo Imperio, el **Dronning Louises Bro** es uno de los puentes más queridos de Copenhague, diseñado por Vilhelm Dahlerup y así llamado en honor a la reina Luisa. Perfecto para una tarde soleada, es frecuentado por vecinos y siempre hay ambiente e incluso suena música.

Descifrar el enigma — MUSEO

PLANO: **3** P. 116 **D2**

Sito en la antigua oficina central de correos, el **Enigma Museum** (*enigma.dk; adultos/niños 140/55 DKK*) profundiza en la historia de las tecnologías de la comunicación, e incluye tanto un doble de Nixon como una de las máquinas Enigma originales. Está lleno de niños y supone una forma fascinante de explorar las posibilidades de la IA y de los avances en el campo de las comunicaciones. En el sótano hay una sala con juegos de ordenador a los que se puede jugar con solo recargar una tarjeta.

Recorrer Jægersborggade — CALLE DESTACADA

PLANO: **4** P. 116 **A3**

En el pasado, la animada y comercial **Jægersborggade** era sinónimo de delincuencia y drogadicción. Sin embargo, tras un proceso de regeneración, hoy es una zona con restaurantes sofisticados y talleres de diseñadores y artesanos, que ofrecen desde sombreros a cerámica. Hay incluso una sucursal del Coffee Collective (p. 127). Además, se pueden probar bombones hechos a mano en **Chocolate by Hartmann** y la irresistible bollería de Meyers Bageri (p. 125).

Ir al Superkilen — ZONA RECREATIVA

PLANO: **5** P. 116 **A2**

El **Superkilen** es un parque de 1 km de longitud, diseñado en el 2012 con el objetivo de erigirse en un atractivo punto de encuentro comunitario, capaz de reducir la tasa de delincuencia en una zona bastante sórdida en tiempos recientes. Consta de tres zonas, todas ellas evocadoras del espíritu multicultural del barrio, compuestas por elementos procedentes de otros países previamente seleccionados por los vecinos mediante una consulta. La "Plaza Negra" luce líneas blancas y negras sobre su ondulante superficie; cuenta con mesas para jugar al ajedrez, una fuente marroquí y palmeras chinas. El "Parque Verde" tiene laderas cubiertas de césped y una zona de barbacoas, más elementos foráneos. En la "Plaza Roja" hay letreros de neón de Rusia y China y un cuadrilátero de *Thai boxing* traído de Tailandia. Junto a la "Plaza Roja" está la **Bibliotek,** biblioteca pública alojada en las antiguas cocheras del tranvía, hoy reconvertidas en un luminoso espacio.

Jugar en una azotea de Nordhavn ZONA CON VISTAS

PLANO: **6** P. 116 **F1**

Al este de Østerbro se halla Nordhavn, una antigua zona industrial que se ha reinventado como el distrito residencial y empresarial más puntero de Copenhague. Su frente marítimo es un centro de transportes en el que convergen los ferris urbanos, el metro y el S-tog. La zona está creciendo gracias a la proliferación de hoteles, comercios, restaurantes y el mayor colegio internacional de la capital. También aquí se encuentra el **Konditaget Lüders,** un parque construido sobre el aparcamiento Lüders. Subiendo las escaleras situadas en un lateral del edificio se accede a sus

minimalistas estructuras de cuerda y trampolines, con vistas del puerto.

Nadar en el puerto ZONA DE BAÑO

PLANO: **7** P. 116 **F1**

Nordhavn también se jacta de tener una de las últimas zonas de baño inauguradas en la ciudad, el **Badezone Sandkaj,** abierto todo el año, pero que goza de mayor popularidad en verano; también hay saunas, aunque de uso exclusivo para socios. Respaldada por una zona entarimada ideal para tumbarse, queda a un paso de varios cafés, las Portland Towers y rechonchos edificios de oficinas que en tiempos eran silos de hormigón.

Expandir la mente MUSEO

PLANO: **8** P. 116 **D1**

Al norte de Østerbro se encuentra el **Experimentarium** *(adultos/ niños 225/140 DKK),* un museo interactivo de ciencias repartido en varias plantas que gravitan en torno a una enorme escalera de caracol. Sus atractivos incluyen una sección con burbujas, un arpa láser, un complejo donde tratar de organizar la logística relacionada con los alimentos, y mil y un alicientes más: desde cohetes hechos con botellas de agua a un "túnel de los sentidos".

⬤ ICÓNICO PROYECTO RESIDENCIAL

Enclavada en el extremo noreste de los Sortedams Sø (lagos), Rosenvænget, la zona residencial más antigua de la ciudad, fue creada a iniciativa de Mozart Waagepetersen, un comerciante de vino que en la década de 1860 se encargó de dividir los terrenos de la zona. En 1872 mandó construir en el n° 32 una villa de estilo italianizante, aunque con el tiempo sería demolida. Hoy aún pueden verse viejas casonas, como el hogar del pintor de la Edad de Oro P. C. Skovgaard, en el n° 27.

SUGERENCIAS
Lo mejor para...

€ Económico   **€€** Medio   **€€€** Alto

Localizaciones en el plano de la **p. 116**

Comer

Cocina internacional

Ali's Bageri €€
9 A2

Clásicos árabes como hummus, *babaganoush*, *shawarma* y mucho más. 9.00-19.00

Bæst €€
10 B3

Pizzas de masa madre elaboradas con ingredientes ecológicos; comparte espacio con la panadería Mirabelle (véase dcha.). 17.00-22.30, 12.00-15.00 ju-do

Hidmona €€
11 B4

Restaurante etíope que sirve reconfortantes guisos con y sin carne sobre esponjosas *injeras* (pan plano etíope). 12.00-22.00, desde 14.00 lu

Send Flere Krydderier €
véase **5**

Organización social que ofrece ricos platos preparados por cocineras inmigrantes. 9.00-16.00 lu-vi, hasta 20.00 ma y mi

Turning Chicken €€
12 B3

Su heterogéneo estilo refleja la ruta migratoria emprendida por Imam Gür, su propietario de origen turco; el pan del *durum* está hecho al estilo alemán y los cuencos de *falafel* llevan lombarda asada por encima. 11.00-22.00 lu-mi, desde 12.00 do, hasta 23.30 ju-sa

uGood €
13 A3

Local de moda especializado en *rolex:* rollos de *chapati* ugandés (pan plano de harina integral) rellenos con una fina tortilla francesa y verduras. 12.00-21.00 ma-do

Cafés y panaderías

Darcy's Kaffe €
14 B4

Excelente café, incluidos afrutados *espressos* y café de filtro, amén de desayunos y *brunches* a base de ingredientes locales. 7.30-17.00 lu-vi, 9.00-16.30 sa y do

Dzidra €
15 A2

Pequeño café de aire artístico, que sirve huevos y tartas, además de *matcha latte,* su bebida estrella. 8.00-17.00 mi, 9.00-17.00 ju, hasta 23.00 vi, 10.00-23.00 sa, hasta 17.00 do

Mirabelle €
16 B3

Repostería recién horneada en un café-panadería artesanal propiedad del chef Christian Puglisi; ubicada junto a Bæst (véase izda.), su restaurante. 9.30-22.00

Juno the Bakery €
17 E1

Hay que ir dispuesto a hacer cola y a tomar decisiones difíciles: ¿un bollito de canela o mejor un panecillo de centeno...? 7.30-18.00 ma-sa, hasta 15.00 do

Bageriet Benji €
18 C3

Mini panadería de barrio regentada por Rasmus Kristensen, panadero de Noma. Hay que probar los *spandauer* de vainilla negra con frambuesas y rosa mosqueta. 7.30-17.00 lu-sa, hasta 15.30 do

Hart Bageri €
19 E2

Dirigida por Richard Hart, expanadero de Noma, ofrece excelentes panecillos de centeno, café y *tebirkes* (bollería). 7.30-18.00

Meyers Bageri ⊖

 20 A3

La especialidad es la bollería salada, incluidos sus *madbrød* de pesto, queso y patata. *7.00-18.00 lu-vi, hasta 16.00 sa y do*

Creativa

Lago ⊖ ⊖

 21 C4

Ubicación ribereña y mesas dentro y fuera donde paladear platos como *tartare*, pastas, *risottos* y marisco. *11.30-24.00 ma-sa*

Omar ⊖ ⊖

 22 B2

Al estilo de una enoteca con *hip-hop* de fondo, su carta abarca desde casquería a recetas vegetarianas. *12.00-24.00 do-ju, hasta 1.00 vi y sa*

Geranium ⊖ ⊖ ⊖

 23 D1

El menú degustación de 17 pasos del chef Rasmus Kofoed promete nueva cocina nórdica con estrellas Michelin. *12.00-15.30 vi y sa, 18.30-23.00 mi-sa*

Beber

Cafés

Coffee Collective

 24 A3

A la cabeza de la cultura de café local, atrae con su magistral café y una terraza a pie de calle. *7.00-20.00 lu-vi, 8.00-19.00 sa y do*

Prolog Coffee Bar Randersgade

 25 E1

Sus granos de tueste local, unidos a la bollería de Il Buco, lo convierten en una magnífica apuesta para arrancar el día. *7.00-18.00 lu-vi, 8.00-18.00 sa y do*

Bares

Mikkeller & Friends

 26 A3

El negocio conjunto de Mikkeller y la mayor cervecera artesana del país hará que los fanáticos de la cerveza enloquezcan con su selección de barril y en botella. *14.00-11.00 lu-ju, desde 12.00 sa y do, hasta 1.00 vi y sa*

Mucki Bar

 27 B2

Acogedora bodega impregnada de humo y con un agradable ambiente de barrio. *14.00-1.00 lu-sa*

Søernes Ølbar

 28 D2

A orillas del lago, ofrece cervezas artesanas de presión, un cálido sótano y terraza. *15.00-24.00 lu-mi, hasta 1.00 ju, hasta 2.00 vi, 12.30-1.00 sa, 14.00-23.00 do*

BRUS

29 C3

Antigua fábrica de locomotoras renacida en una microcervecería con zona de asientos interior y exterior. *12.00-24.00*

Blågårds Apotek

 30 B4

Un vetusto mostrador de farmacia aporta un toque distinto a este bar sin ánimo de lucro que acoge actuaciones de *jazz* y otros conciertos (al aire libre en verano). *12.00-2.00, hasta 24.00 do*

Cócteles y vino

Pompette

 31 B3

Sus propietarios, con experiencia como sumilleres en Francia, saben tanto de vinos naturales como de charcutería y quesos. *12.00-24.00*

Barking Dog

 32 C3

Divertido bar con cócteles de probada excelencia. *18.00-1.00 ma-sa*

Comprar

Cerámica

Keramiker Inge Vincents

33 A3

Vale la pena acercarse al taller de la ceramista Inge Vincents solo por ver sus finísimas piezas, adornadas con interesantes pliegues o marcas. *10.00-17.30 lu-vi, 10.00-16.00 sa*

★ MERECE LA PENA

Klampenborg y Charlottenlund

Situados al norte de Copenhague, estos municipios periféricos tienen imponentes casas, un tupido parque con ciervos, una playa diseñada por Arne Jacobsen, palacios, museos y un histórico parque temático. Se puede pasar uno o más días explorando la zona en bici, descubriendo desde ondulados bosques a obras maestras del s. xx.

CONSEJO
El Museo Ordrupgaard cierra los lunes. La casa de Finn Juhl solo abre los fines de semana. Puede verse todo en uno o dos días. El tren cubre en 20 min el trayecto entre el centro de Copenhague y Klampenborg.

Escanea este código QR para comprar entradas para el Ordrupgaard Art Museum y la casa de Finn Juhl.

Museo Ordrupgaard y casa de Finn Juhl

Oculto en un arbolado municipio a las afueras de la capital, el **Museo de Arte Ordrupgaard** muestra una impresionante colección pictórica, que abarca obras de artistas como Gauguin, Renoir y Matisse, además de genios de la Edad de Oro, como J. T. Lundbye y Vilhelm Hammershøi. Igual de fascinante resultan su formidable ampliación firmada por la desaparecida arquitecta Zaha Hadid y un añadido semisubterráneo obra del diseñador noruego Snøhetta.

Aneja al museo, y perteneciente a su colección, se halla la antigua residencia del visionario diseñador danés del s. xx Finn Juhl, que solo abre los fines de semana y es de visita obligada para cualquiera interesado en el modernismo y el diseño.

Parque forestal con solera

Protegido por la Unesco, el **Dyrehaven** es un parque forestal de 1000 Ha con hayedos y prados seccionados por una red de senderos transitables a pie o en bici y que se despliegan en forma de telaraña por las colinas circundantes. Conocido oficialmente como Jægersborg Dyrehave, se creó originalmente, en 1669, como un coto real de caza.

Al haber sido concebidos para la caza con perros, los senderos del parque son rectos, pues así resultaba más fácil seguir la pista de los sabuesos. En el centro del parque se alza el Hermitage, el real pabellón de caza, construido en estilo barroco en 1734, cuyas suntuosas dependencias reales pueden verse en un circuito guiado *(125 DKK; en inglés sa 15.00 jun-ago)*. En el parque habitan unos 2000 ciervos, en su mayoría gamos comunes, aunque también hay varios ejemplares de ciervo rojo y sica.

En pleno bosque de Dyrehaven, unos 800 m a pie en dirección oeste desde la estación Klampenborg, se encuentra **Bakken,** el parque de atracciones más antiguo del mundo, creado en el s. XVI y de acceso gratuito.

Vestigios de mediados de siglo

Otro lugar próximo a la estación Klampenborg es la **playa de Bellevue,** cuyo principal reclamo no son la arena y el mar, sino el equipamiento de playa de mediados del s. XIX que todavía conserva, desde vestuarios a torres de vigilancia para socorristas, todo ello cortesía del reputado diseñador Arne Jacobsen.

UNA PAUSA
Den Gule Cottage es una casita naranja de entramado, situada por encima de la playa de Bellevue, ideal para disfrutar de buen pescado y marisco.

Dyrehaven.

POUSSINFRANCAIS/SHUTTERSTOCK ©

Sugerencias de lugares para comer, beber y comprar en **p. 140**

Explora
Vesterbro

Extendiéndose al oeste de la estación central de trenes, esta zona antaño conocida por el tráfico de droga y la prostitución (en especial la sórdida Istegade, donde todavía se conservan recordatorios de aquellos tiempos pasados en forma de bares de estriptis), ha experimentado un proceso de gentrificación con todos los pros y contras que eso conlleva.

Hoy es un destino que suscita mucho interés entre los viajeros, incluido Sønder Blvd, una amplia y arbolada avenida que atraviesa el corazón del barrio y que se ha erigido en un enclave de lo más animado. Entretanto, el barrio de los Mataderos ha renacido en un palpitante núcleo urbano dominado por restaurantes, cafés y bares.

Cómo desplazarse

 Metro
La estación más cercana es København H –líneas roja (M3) y azul (M4)–. Enghave Plads (M3) es la más práctica para el Home of Carlsberg, mientras que Frederiksberg –líneas verde (M1) y amarilla (M2)– da servicio al centro del barrio.

 Autobús
El bus 1A circula hacia el suroeste por Ingerslevsgade, sorteando el límite sur de Kødbyen (barrio de los Mataderos); y en dirección norte, hasta Slotsholmen, Nyhavn, el Barrio Real y Østerbro.

 S-tog
La estación Central queda en el extremo oriental de Vesterbro.

Kødbyen (p. 136).
CAROLINE ERICSON/SHUTTERSTOCK ©

LO MEJOR

ENOTECA
Ancestrale (p. 141)

RESTAURANTE
Sanchez (p. 140)

GALERÍA
Cisternerne (p. 137)

PARA TOMAR ALGO
Kihoskh (p. 133)

CÓCTELES
1656 (p. 141)

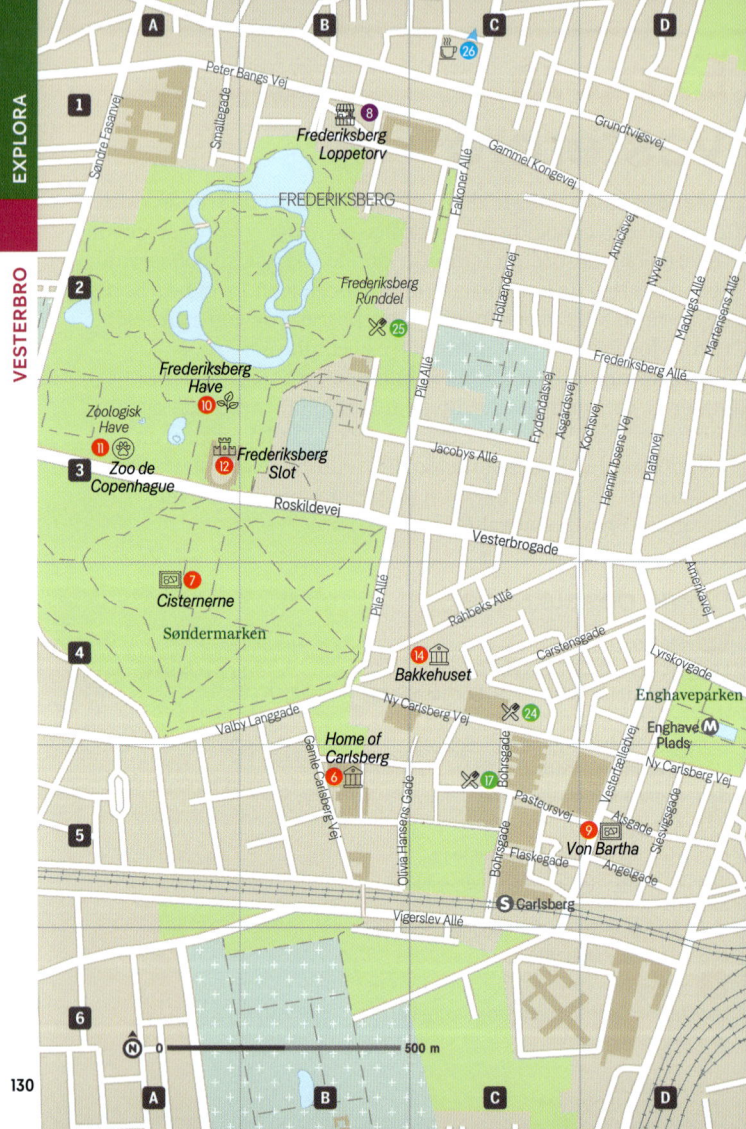

Peter Bangs Vej

Grundtvigsvej

Frederiksberg Loppetorv 8

FREDERIKSBERG

Gammel Kongevej

Frederiksberg Rundddel

25

Frederiksberg Have 10

Zoologisk Have

11

Zoo de Copenhague

12 Frederiksberg Slot

Roskildevej

Jacobys Allé

Frederiksberg Allé

Vesterbrogade

Cisternerne 7

Søndermarken

Pile Allé

Rahbeks Allé

Carstensgade

14 Bakkehuset

Enghaveparken

Ny Carlsberg Vej

24

Enghave Plads M

Valby Langgade

Home of Carlsberg 6

Ny Carlsberg Vej

17

Pasteursvej

9 Von Bartha

Flæskegade

S Carlsberg

Vigerslev Allé

N 0 — 500 m

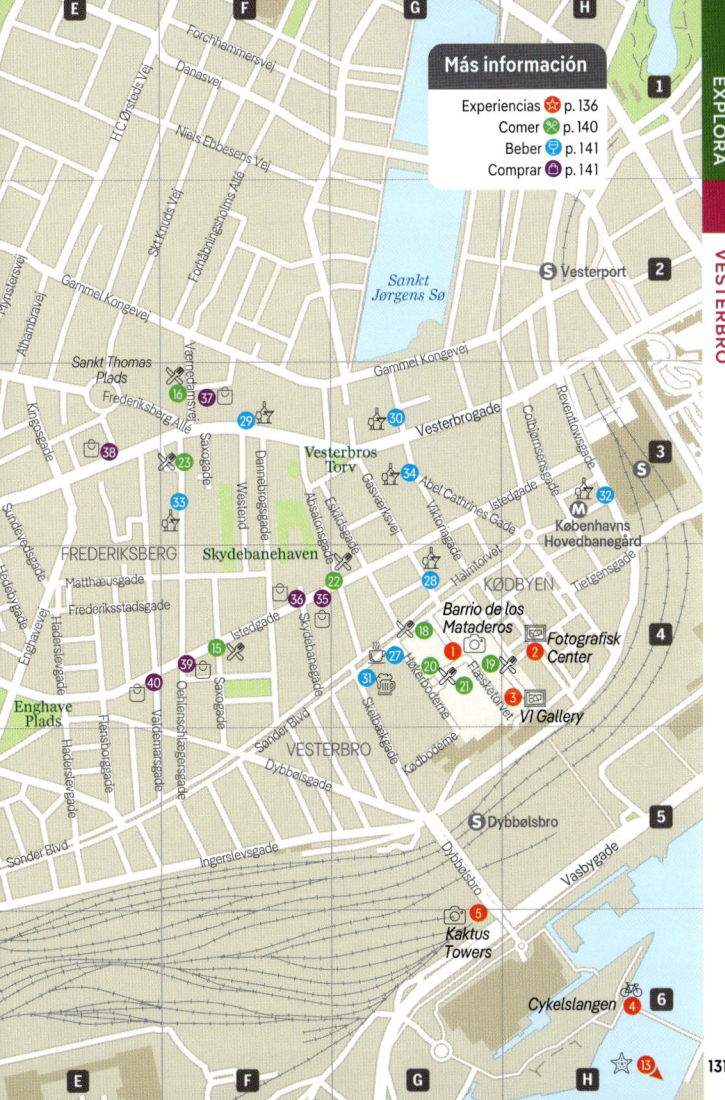

Más información

Experiencias ✸ p. 136
Comer ✖ p. 140
Beber 🍺 p. 141
Comprar 🛍 p. 141

Forchhammersvej

Danasvej

H C Ørsteds Vej

Niels Ebbesens Vej

Sankt
Jørgens Sø

Vesterport

Myrasvej

Matildevej

Alhambravej

Kingosgade

Sdr Knuds Vej

Forhåbningsholms Alle

Gammel Kongevej

Gammel Kongevej

Sankt Thomas
Plads

Frederiksberg Allé

16
37

Værnedamsvej

29

30

Vesterbrogade

Vesterbros
Torv

34

Åbel Cathrines Gade

Istedgade

Københavns
Hovedbanegård

32

M

Reventlowsgade

Colbjørnsensgade

Sønderboulevard

Haderslevgade

Enghavevej

38

23

Saxogade

Westend

Dannebrogsgade

Absalonsgade

Eskildsgade

Gasværksvej

Viktoriagade

FREDERIKSBERG

33

Skydebanehaven

22

Matthæusgade

Frederiksstadsgade

Istedgade

36

35

28

Halmtorvet

KØDBYEN

Barrio de los
Mataderos

18

27

1

19

Fotografisk
Center

2

Enghave
Plads

39

15

40

Oehlenschlægersgade

Valdemarsgade

Saxogade

Skydebanegade

31

20

21

Kødbyen

Flæskeboderne

3

VI Gallery

Sønder Blvd

VESTERBRO

Dybbølsgade

Kvægtorvsgade

Kødboderne

Tietgensgade

Dybbølsbro

Sønder Blvd

Ingerslevsgade

Dybbølsbro

Vasbygade

Kaktus
Towers

5

Cykelslangen

4

6

13

131

CIRCUITO A PIE

Paseo por Vesterbro

Este recorrido discurre por el meollo de un antiguo barrio obrero, en el que contadas viviendas tenían baño propio y donde todo gravitaba en torno a la industria cárnica.

INICIO	FINAL	DISTANCIA
Kødbyen (barrio de los Mataderos)	Central Hotel & Café	2 km; 1-2 h

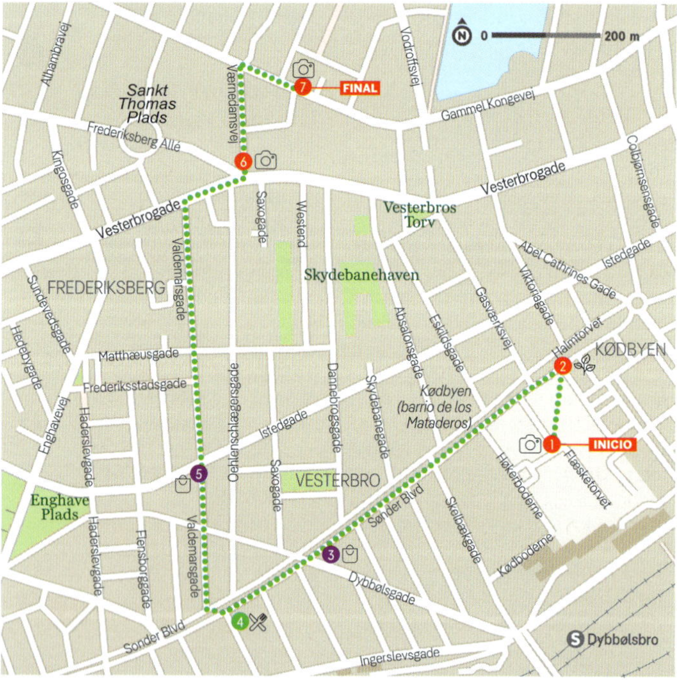

1 Barrio de los Mataderos

Se arranca en los **antiguos mataderos** (Kødbyen), estructurados en tres zonas: "marrón" de 1878, "blanca" de 1934 y "gris", creada poco después. Este era el centro de la industria cárnica, instalada aquí en forma de matadero municipal, cuyo fin era velar por la higiene de la población. En la década de 1990, la zona marrón pasó a ser un centro cultural (incluye también una sala de consumo supervisado para personas con adicciones), mientras que la zona blanca se llenó de pequeños restaurantes, galerías y tiendas. Actualmente, es el barrio más animado de Copenhague.

2 Bulevar arbolado

Se continúa por el verde Halmtorvet, el evocador bulevar que precede a **Sønder Blvd.** Objeto de una profunda remodelación a principios de la década del 2000, es un espacio pensado para el esparcimiento comunitario y para que los niños jueguen a sus anchas.

3 Emblemático quiosco

En esta ciudad hay montones de 'quioscos', tiendecitas que empezaron a proliferar en el s. xix y venden de todo. **Kihoskh** es el quiosco por antonomasia, con una inagotable oferta de artículos y hasta terraza propia.

4 Pimpón y un ágape comunitario

Siguiendo por Sønder Blvd se llega a una enorme iglesia de ladrillo rojo que hoy acoge el **Folkehuset Absalon,** un espacio comunitario ideado por la familia Lajboschitz, fundadores de Flying Tiger. Propone talleres de arte, cenas comunitarias, pimpón, yoga, bingo y discoteca. Hay que reservar con antelación para sus sesiones gastronómicas compartidas.

5 Tesoros retro

Luego, toca desviarse de Sønder Blvd y seguir por Valdemarsgade de camino a **Bye Bye Love,** una tienda *vintage* con una extraordinaria selección de artículos donde, con suerte, se hallará algún que otro tesoro retro escandinavo.

6 Seducción francesa

Turno para **Værnedamsvej**, apodada la "pequeña París": una calle a caballo entre Copenhague y Frederiksberg, que destila un innegable ambiente parisino, con bares, restaurantes, *delis,* queserías y enotecas, más terrazas que bordean la calle emulando la capital francesa. Hubo algunas iniciativas para tratar reducir el tráfico, pero quedaron en nada debido a la oposición de los vecinos, que prefieren que el barrio conserve cierto aire caótico.

7 El hotel más pequeño del mundo

A la vuelta de la esquina se encuentra el coqueto **Central Hotel & Café,** con una sola sala, de 12 m^2, sobre un diminuto café que se surte de granos de Coffee Collective y en el que solo caben cinco personas.

CIRCUITO A PIE

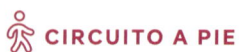

Paseo por Frederiksberg

Este enclave separado de la capital es un acaudalado barrio que creció en torno a un palacio de estilo italianizante construido en la década de 1700. En esta zona de residencias y ondulantes parques conviven el zoo y la fábrica de Carlsberg, hoy convertida en un punto de interés histórico donde saborear una cerveza.

INICIO	FINAL	DISTANCIA
Frederiksberg Allé	Memorial Mound	2 km; 1 h

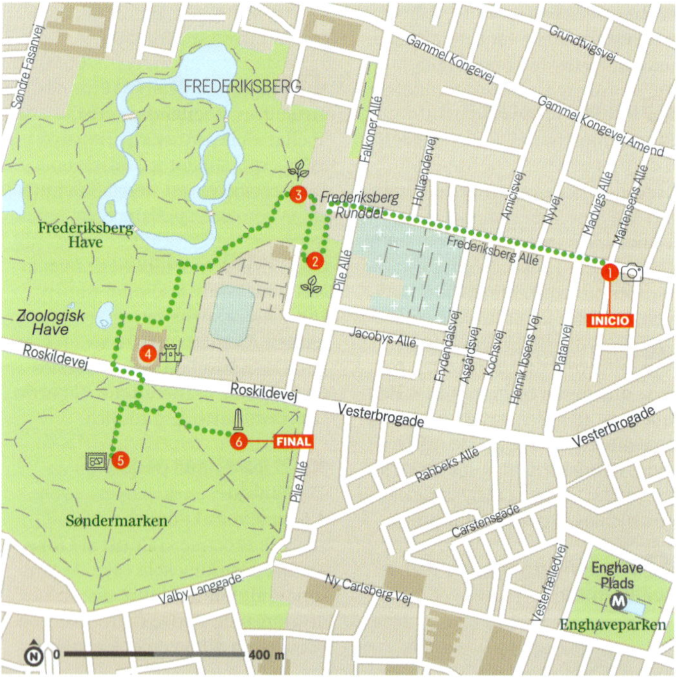

① Curioso bulevar

La ruta empieza en la estación de metro Frederiksberg Allé, donde se emerge a **Frederiksberg Allé,** un largo bulevar festoneado de árboles de lima, con su distintiva forma de candelabro. Creado en 1704, está flanqueado por elegantes edificios y originalmente era una carretera privada que llevaba al palacio real.

② Jardín secreto

La siguiente parada es el **Haveselskabets Have,** el jardín de la Real Sociedad Danesa de Horticultura, un hermoso espacio ajardinado ornamental complementado por un inmaculado estanque y una rosaleda, todo ello oculto tras un alto seto de tejos. Es también el emplazamiento del Mielcke & Hurtigkarl, un restaurante de alta cocina alojado en una antigua residencia de verano de la realeza.

③ Jardines de Federico

Al final de una bonita calle se alza una estatua de Federico VI, a quien debe su nombre esta zona de la que él fue artífice. Más allá está el **Frederiksberg Have,** unos jardines ornamentales de estilo inglés diseñados en el s. XVIII, en los que no faltan lagos y canales, además de un puente chino y el Fasangården, un restaurante que ocupa el antiguo pabellón real de caza de faisanes.

④ Frederiksberg Slot

En lo alto de la colina de Valby se levanta este opulento **palacio** color crema mandado construir por el príncipe heredero Federico IV a finales del s. XVII, tras viajar por Italia, lo que tuvo un enorme impacto en su visión de la arquitectura.

⑤ Cisternas subterráneas

Tras dejar el zoo de Copenhague a mano derecha, se cruza Roskildevej para, a continuación, adentrarse en el Dansescenen Søndermarken, otro parque real, con ondulantes lomas, árboles, lagos y arroyos, cual prolongación del Frederiksberg Have pero al otro lado de la carretera. Luego, más allá de la colina, se verán dos estructuras angulares de cristal: una de ellas es la entrada a **Cisternerne,** la espectacular galería de arte subterránea que en su día funcionaban como depósitos de agua.

⑥ Montículo conmemorativo

Desde la cisterna se desciende atravesando el Dansescenen Søndermarken. Oculto entre la vegetación se halla el **túmulo conmemorativo** (similar a un antiguo lugar de enterramiento, de 5 m de altura y cubierto de césped), un tributo a los daneses que emigraron a EE UU y que, curiosamente, solo abre una vez al año: el cuatro de Julio. Quienes se encuentren aquí ese día, podrán ver la escultura de Anders Bundgaard que alberga su interior: una madre (léase Dinamarca) que abraza a sus hijos.

EXPERIENCIAS

Descubrir el barrio de los Mataderos
ZONA

PLANO: ❶ P. 130 **G4**

Kødbyen (literalmente la "ciudad de la carne") se compone de una serie de galerías, un centro cultural y pequeños restaurantes, bares y cafés. La "zona marrón", la parte más antigua del complejo, se construyó en 1878 y era aquí –en un patio adoquinado– donde se vendía el ganado, mientras que los pabellones de los alrededores se utilizaban para procesos posteriores. La distribución de la "zona blanca", con mucho espacio y apenas coches, permite montar terrazas cuando hace bueno.

Recorrer las galerías del barrio de los Mataderos
GALERÍAS

Kødbyen no anda exento de galerías de nivel. En la "zona marrón" se encuentra el **Fotografisk Center** (PLANO: ❷ P. 130 **H4**; *fotografiskcenter.dk; adultos/niños 40/20 DKK*), con muestras fotográficas, mientras que la **V1 Gallery** (PLANO: ❸ P. 130 **H4**; *v1gallery.com; gratis*) es un espacio contemporáneo en el que suelen exhibirse grafitis y arte callejero.

Pedalear por el Cykelslangen
PUENTE

El **Cykelslangen** (PLANO: ❹ P. 130 **H6**) es un 'serpenteante' puente para ciclistas diseñado por el estudio local Dissing+Weitling. Se trata de una esbelta estructura de 235 m de largo, con una pista rojiza que, por momentos, sirve de resguardo para los viandantes que caminan por debajo. En otros tramos, sobre el agua, se tiene la sensación de estar volando sobre las aguas del puerto. Y por si fuera poco, al cruzar el puerto se ve la **zona de baño de Fisketorvet.** La pista ciclista elevada discurre en dirección oeste desde el Bryggebroen (puente de Brygge) hacia el Fisketorvet Copenhagen Mall, pegado a las **Kaktus Towers** (PLANO: ❺ P. 130 **G6**), diseñadas por el Bjarke Ingels Group.

 ANTIGUO MATADERO

En 1878, el Ayuntamiento de Copenhague creó Den Brune Køfby ("zona marrón de la ciudad de la carne") con el objetivo de evitar el contagio de enfermedades. En 1901 se abrió aquí el Øksnehallen, con espacio para 1600 cabezas de ganado y en activo hasta mediados de la década de 1960. En 1934 se le incorporó Den Hvide Køfby ("zona blanca de la ciudad de la carne"), de estética industrial, funcionalista y extrañamente bella, obra del arquitecto Poul Holsøe. A principios de la década del 2000, el hoy protegido barrio de los Mataderos se reinventó como un centro creativo y gastronómico señoreado por un bajorrelieve de un toro de la década de 1930 y un letrero que reza *Kød og Flæskehal* ("sala de la ternera y el cerdo").

Visitar la cervecera Carlsberg

CERVECERÍA

PLANO: **6** P. 130 **B5**

La creación de la cerveza Carlsberg ha tenido una clara influencia en varias zonas de la capital danesa, en especial en este barrio. El **Home of Carlsberg** (*homeofcarlsberg.com; exposición/recorrido histórico/ catas desde 210/140/120 DKK; circuito y cata accesible solo con entrada a la exposición*) es un museo interactivo –situado en el edificio más antiguo de la cervecera– que repasa la historia de la cerveza y la de su fundador, J. C. Jacobsen, y su hijo, Carl, además de los pormenores de su posterior disputa. En el sótano se exhibe una colección de botellas de cerveza que comprende desde Mongolia a Papúa Nueva Guinea. También se visitan los establos, donde se cuida de los impecables caballos de la marca, y se toma una cerveza al final del circuito.

Pero lo más interesante es el recorrido histórico por el barrio, previo paso por la fábrica construida por Carl, hoy vacía. También se aprenderá acerca de la puerta de los elefantes, obra del arquitecto Vilhelm Dahlerup; a continuación, tras ver el exterior de su casa, la ruta llega a las cavas situadas debajo de la fábrica, que albergan cualquier cosa imaginable, desde un automóvil Morris Minor de época a una base militar secreta.

Descender a las profundidades en Cisternerne

GALERÍA

PLANO: **7** P. 130 **A4**

Bajo el elegante Søndermarken aguarda el húmedo depósito de agua decimonónico de la ciudad, cuyos pasillos presentan una humedad del 100%, hasta el punto de que hay partes donde el agua cubre los pies. Y es que **Cisternerne** (*shop. frederiksbergmuseerne.dk; adultos/ niños 115/90 DKK*) es uno de los espacios consagrados al arte más insólitos y evocadores de Copenhague, en el que cada año se ofrece a un artista reputado la oportunidad de transformar el depósito en una enorme instalación inmersiva, para la que han de tener en cuenta las singulares características de la galería. (Un buen ejemplo son las centelleantes líneas de luz blanca que en su momento creó Taryn Simon.)

En busca de tesoros por el mercadillo de Frederiksberg

MERCADO

PLANO: **8** P. 130 **B1**

Vale la pena madrugar para husmear en el **Frederiksberg Loppetorv,** el mercadillo que se monta los sábados en el barrio, cuyo poder adquisitivo se refleja en la calidad de los artículos a la venta. Suele haber bastante moda local e internacional (mayoritariamente de mujer), cosas de todo tipo, como juegos de mesa y baratijas, más algún que otro objeto de diseño danés digno de un coleccionista.

El reclamo más inusual del Frederiksberg Have es su *suttetræet* (árbol de los chupetes), enclavado al norte del pabellón chino. De 250 años, es difícil pasar por alto este árbol de cuyas ramas cuelgan cientos de coloridos lazos atados a chupetes de bebé. Y es que, según la tradición danesa, los niños tienen que dejar el chupete al cumplir 3 años. Para facilitar el proceso, padres e hijos ofrecen el chupete al *suttetræet* más cercano a casa, junto con una nota en nombre del peque, en la que le piden al árbol que cuide bien de él.

Visitar un faro repleto de arte
GALERÍA

PLANO: **9** P. 130 **D5**

Algo que sorprende a quien visita Frederiksberg es ver un faro sobre una colina bastante alejada del mar. Carl Jacobsen mandó construirlo para alardear de que tenía acceso a la red eléctrica. Pero se convirtió en un importante referente junto a la fábrica de cerveza, en una época en que no había ningún edificio en la zona. Actualmente, alberga **Von Bartha** *(vonbartha.com; gratis),* una galería altamente recomendable por sus muestras de arte contemporáneo y su inaudito marco.

Deambular por los jardines de Frederiksberg
PARQUE

PLANO: **10** P. 130 **A3**

Con lagos, bosques y zonas de pícnic, este es el parque más romántico de la ciudad. Custodia su entrada principal una estatua del s. XIX de Federico VI, quien acostumbraba a dar paseos en barca por los canales del **Frederiksberg Have.** El Frederiksberg Slot, el palacio barroco que encierra el parque, fue la residencia de verano de la realeza hasta mediados del s. XIX, mientras que el Pabellón

Chino es otra reliquia real, erigida en 1799 como casa de té a disposición de la Corona.

Observar pandas y mucho más en el zoológico
ZOO

PLANO: **11** P. 130 **A3**

En Frederiksberg ("colina de Frederik") se localiza el **zoo de Copenhague** *(zoo.dk; adultos/ niños 249/149 DKK),* que da cobijo a más de 2500 animales encabezados por los pandas, su atractivo estrella, instalados en un recinto diseñado por el danés Bjarke Ingels Group. En el complejo residen osos polares, leones, cebras, hipopótamos y gorilas. El vanguardista espacio asignado a los elefantes es obra del arquitecto inglés Norman Foster.

Ver el italianizante Frederiksberg Slot
PALACIO

PLANO: **12** P. 130 **A3**

Construido en estilo italianizante a petición del príncipe heredero Federico IV, este **palacio** se yergue en lo que en tiempos era una zona de campo, extramuros. Fue objeto de una enorme ampliación tras el ascenso al trono del joven monarca y durante el posterior reinado de sus descendientes. En 1799, cuando tenía 348 estancias, se decidió pintarlo de amarillo y, desde el s. XIX, es la sede de la Real Academia Militar Danesa. El último sábado de mes (excepto jul y dic) se organizan visitas guiadas por los aposentos reales, incluido el baño de mármol de la reina Carolina Matilde, quien residió aquí tanto con su esposo, Cristián VII, como con su amante: una historia con final trágico.

Recorrer una casa de la Edad de Oro
MUSEO

PLANO: **14** P. 130 **C4**

Para salirse de la ruta turística hay que dirigirse a la casa de Kamma y Knud Lyne Rahbek, la **Bakkehuset** ("Casa de la Colina"; *frederiksbergmuseerne. dk; adultos/niños 75/60 DKK*), un refinado hogar de la Edad de Oro, en Frederiksberg, que permite asomarse al exclusivo estilo de vida de los intelectuales del s. XIX. La morada evoca los tiempos en que recibía la visita de escritores como Hans Christian Andersen,

EL MAR Y SUS SECRETOS EN DEN BLÅ PLANET

Tomando el tren o el metro de Vesterbro a Kastrup se llega al **Den Blå Planet** (*denblaaplanet.dk; adultos/ niños 242/126 DKK*), el acuario nacional de Dinamarca, el más grande del norte de Europa, con una cubierta de aluminio y enclavado junto al estrecho de Sund (Øresund, en danés) cual ovni varado en la playa. Su estilo arquitectónico, inspirado en remolinos, cardúmenes de peces y bandadas de estorninos, luce un diseño pensado para ser apreciado desde los aviones que despegan y aterrizan en el cercano aeropuerto. El espacio se divide en secciones climáticas y geográficas: un caleidoscopio de vida marina que abarca desde pirañas a nutrias marinas.

PLANO: **13** P. 130 **H6**

con interiores bellamente decorados y colores pastel.

 TRÁGICO AMORÍO DE LA REINA CAROLINA MATILDE

En 1764, Cristián VII, esquizofrénico con total certeza, se casó con su prima de 15 años Carolina Matilde y se instalaron en el Frederiksberg Slot. Su desdichada unión estuvo marcada por los engaños del monarca y sus continuas ausencias. En 1769 regresó acompañado del físico Johann Friedrich Struensee, quien con el tiempo sería regente *de facto*. Struensee y Caroline se enamoraron, y en 1771, tuvieron una hija, Luisa Augusta. Struensee aprobó más de un millar de reformas en un período de 13 meses, incluida la abolición de la esclavitud, la tortura y la aristocracia. En 1772, ambos fueron encerrados; Struensee fue ejecutado y Carolina, exiliada a Alemania, donde murió con apenas 23 años.

Lo mejor para...

🅖 Económico 🅖🅖 Medio 🅖🅖🅖 Alto

Comer

Cafés y panaderías

Café Sonja 🅖

15 F4

Hogareño y luminoso, es genial para desayunar o tomar el *brunch*. Es un proyecto social que emplea a gente vulnerable. *8.00-18.00 ma-vi, hasta 21.00 mi, 9.00-16.00 sa y do*

Granola 🅖

16 F3

Café de barrio en Frederiksberg, que ofrece *brunches,* tortitas y desayunos. *9.00-24.00 lu-sa, hasta 16.00 do*

Hart Bageri 🅖

17 C5

Sucursal del magistral discípulo de un expandero de Noma, con deliciosa repostería y café. *7.30-18.00 lu-vi, hasta 17.00 sa y do*

Barrio de los Mataderos

Hija de Sanchez 🅖

18 G4

Esta taquería sirve tacos para llevar; los hay desde ternera marinada a cerdo asado con salsa. *11.00-21.00 diario, hasta 22.00 vi y sa*

WarPigs 🅖🅖

19 G4

Microcervecería con variedades de Mikkeller, largas mesas montadas sobre caballetes y una parrilla de estilo texano de la que salen deliciosos cortes de carne. *11.30-24.00 lu-ju, 11.00-2.00 vi y sa, 11.00-23.00 do*

Tommi's Burger Joint 🅖

20 G4

Pequeño y con pósters retro colgados de las paredes y música de fondo. La carta es escueta: jugosas hamburguesas, tanto de ternera como vegetarianas, patatas fritas y bebidas rellenables. *11.00-21.00 do-ju, hasta 22.00 vi y sa*

Kødbyens Fiskebar 🅖🅖

21 G4

Espacioso restaurante con excelente marisco, incluidas deliciosas ostras, y una terraza en verano. *23.30-24.00 lu-vi, hasta 1.00 vi y sa*

Localizaciones en el plano de la **p. 130**

Comida sin prisas

Sanchez 🅖🅖🅖

22 G4

Dirigida por Rosio Sanchez, antes en Noma, ofrece exquisita cocina mexicana a partir de ingredientes nórdicos. *17.30-23.00 do-ju, hasta 24.00 vi y sa, 12.00-15.00 sa y do*

Italo Disco 🅖🅖

23 F3

Auténtico italiano de Vesterbro, que sirve pescado y moluscos locales en una diminuta *trattoria* de iluminación tenue. *17.30-24.00 ma-do*

Beyla 🅖🅖

24 C4

Restaurante vegano en una zona renovada de Carlsberg, con setas fritas coreanas de cultivo local. *17.00-22.00 mi y ju, hasta 23.00 vi y sa, 10.00-15.00 sa y do, 17.00-21.00 do*

Mielcke & Hurtigkarl 🅖🅖🅖

25 B2

Sofisticadas creaciones servidas en una antigua casa de verano de la realeza con murales botánicos. *18.00-23.00 mi-sa*

Beber

Café

Coffee Collective
 26 C1

Espressos y demás cafés de tercera ola preparados con premiados granos de especialidad que tuestan ellos mismos. *7.00-19.00 lu-vi, desde 8.00 sa y do*

Prolog Coffee
27 G4

Microscópico bar con café sensacional y bollería insuperable. *7.00-18.00 lu-vi, desde 9.00 sa y do*

Bares

1656
 28 G4

Tras una inocua fachada llena de grafitis aguarda esta pequeña joya con diferentes bebidas espirituosas. *18.00-1.00 do-mi, hasta 2.00 ju-sa*

Lidkoeb
29 F3

Con hileras de luces de colores, esta coctelería promete tragos de primera. *16.00-2.00 lu-sa, desde 20.00 do*

Curfew
 30 G3

Bar clandestino propiedad de Humberto Saraviva Marques, con sublimes licores y siropes de preparación casera. *18.00-2.00 ma-ju, 17.00-3.00 vi y sa, 19.00-2.00 do*

Fermentoren
 31 G4

Acogedor bar en un sótano, con iluminación tenue y 24 cervezas de barril. *13.00-24.00 do-mi, hasta 1.00 ju, hasta 2.00 vi y sa*

Jernbanecafeen
32 H3

Cerca de la estación Central, este caótico bar con solera es digno de visitarse solo por su decoración. *7.00-2.00*

Ancestrale
 33 F3

Entrañable bar de vinos con un servicio estelar, fundado por antiguos alumnos de Noma. *17.30-24.00*

Mikkeller Bar
 34 G3

La cervecería artesana más célebre de la capital encandila con su variedades creativas de barril y una estética escandinava clásica. *13.00-1.00, hasta 2.00 ju y vi, 12.00-2.00 sa*

Comprar

Menaje y arte

Ekely
 35 F4

Galería-tienda, propiedad de Galleri Bo Bjerggaard, con obras de arte originales y diseño gráfico. *14.00-18.30 mi-vi, 11.00-17.00 sa*

Dansk Made for Rooms
 36 F4

Diseño de muebles y menaje del hogar danés, incluidas lámparas esculturales. *11.00-18.00 lu-vi, hasta 16.00 sa*

Dora
 37 F3

Excéntricos artículos de menaje y regalos; destacan los cojines de cachemira. *10.00-18.00 lu-vi, hasta 16.00 sa, 12.00-16.00 do*

Moda

Prag
 38 E3

Excéntrica colección *vintage* que tiene de todo, desde quimonos a clásicos Y2K; con varios locales en la capital. *10.00-19.00 lu-vi, hasta 18.00 sa, 11.00-18.00 do*

Kyoto
 39 F4

Para surtirse de prendas de estética danesa minimalista con marcas como Acne, GANNI, Wood Wood y Norse Projects. *11.00-18.00 lu-vi, 10.00-17.00 sa, 11.00-15.00 do*

Bye Bye Love
 40 E4

Fantástica ropa *vintage,* incl. incontables confecciones de diseñadores locales y de fuera. *11.30-17.00 ma-vi, hasta 15.00 sa*

Guía práctica

Granola (p. 140).
OLIVER FOERSTNER/SHUTTERSTOCK ©

Viajar en familia

La cultura y el diseño daneses siempre tienen en cuenta a las familias, lo que hace de Copenhague un destino ideal para ir con niños. Hay un fascinante parque temático, zonas de juegos, piscinas naturales gratuitas, puestos de comida callejera, parques y espectaculares museos infantiles.

Comer fuera

Los peques son muy bien recibidos en los establecimientos informales. Las zonas de restauración y propuesta de comida callejera como **TorvehallerneKBH** (p. 108), **Reffen** (p. 95), **Broens Gadekøkken** (p. 98) y **Tivoli Food Hall** (p. 46), facilitan las cosas para comer algo sobre la marcha. En el barrio de los Mataderos de Vesterbro no faltan locales de *pizza* y hamburguesas; WarPigs, p. ej., gusta mucho entre los chavales.

ZONAS RECREATIVAS INFANTILES

Hay más de 140 parques infantiles, desde espacios techados a otros en lo alto de una azotea. Los más destacados son el Traffic Playground y el Tower Playground, ambos en Østerbro.
Escanear este código QR para más información.

Entradas

Casi todos los museos son gratis para los menores de 18 años; para el resto, la entrada suele costar 100-150 DKK. El **Thorvaldsens Museum** (p. 58), **Nikolaj Kunsthal** (p. 71) y el **Museo de Copenhague** (p. 45) son gratis el último miércoles de mes. Sale muy a cuenta adquirir la Copenhagen Card (*24/48/72/96 h 499/739/919/1069 DKK*): además de incluir la entrada a la mayoría de los museos y otras atracciones, permite moverse en transporte público.

Cochecitos

Es fácil moverse con un cochecito. En los autobuses hay espacio para dos. Las estaciones del S-tog y las del metro tienen ascensor.

Transporte público

Los menores de 12 años viajan gratis; a los de 12-15 años se les cobra la mitad; los mayores de 16 años pagan tarifa de adulto.

Bebés y niños pequeños

Los cambiadores están por doquier en esta ciudad. Y aunque dar el pecho en público es una práctica habitual, la legislación danesa curiosamente no es tan protectora como la de otros países.

Alojamiento

La amplísima oferta hotelera de Copenhague abarca desde diminutos albergues-cápsula a joyitas *boutique*. La red de transporte destaca por su eficiencia y por llegar a todos los rincones de la ciudad.

Si te gusta...

 Bares y restaurantes
Próximo a la estación Central, Vesterbro aglutina multitud de bares y restaurantes, sobre todo en el barrio de los Mataderos.

IMPRESCINDIBLE

Nos encanta...
Nørrebro (p. 115)
Con una buena dosis de arte callejero, *boutiques* y sugerentes restaurantes, Nørrebro es el barrio más multicultural y con la cocina internacional más ecléctica de la ciudad. No anda escaso de bares estupendos y desde él se llega fácilmente a los lagos y, si se dispone de una bici, al centro.

 Tiendas y restaurantes de categoría
Strøget y el Barrio Latino quedan muy a mano de la principal zona comercial de la ciudad, con su céntrica calle peatonal.

Paseos lacustres
Las calles de Nørreport, al sur de los lagos, son ideales para abordar el Tivoli, el Torvehallerne y muchos restaurantes y puntos de interés.

 Ambiente, canales y cafés
Christianshaven augura encantadoras calles y canales, restaurantes de nueva cocina nórdica y acogedores cafés, además de buenas conexiones en transporte público y fácil acceso a pie al centro urbano y el frente marítimo.

 Historia y arquitectura
Nyhavn y alrededores es una buena opción para bares y restaurantes, tiendas de diseño y galerías de arte, arquitectura barroca, y la posibilidad de desplazarse a pie tanto al casco histórico como a numerosos reclamos.

CUÁNTO CUESTA

Cama en dormitorio colectivo
desde 180 DKK

Habitación doble en hotel-*boutique*
desde 1500 DKK

Habitación en hotel de lujo
desde 3000 DKK

Comida, bebida y fiesta

Alergias e intolerancias

Los supermercados locales están muy bien surtidos de productos sin gluten y sin lactosa. Y aunque la normativa comunitaria exige a los establecimientos de hostelería detallar los alérgenos que contienen los alimentos que sirven, nunca está de más hacérselo saber al personal.

CÓMO SE DICE...

Soy alérgico a... Jeg er allergisk...
frutos secos nødder
marisco skaldyr
gluten gluten
lácteos mejeriprodukter

CONSEJO

Los daneses comen temprano: se almuerza de las 11.30 en adelante y se cena en torno a las 18.00. Esta costumbre hace que en ocasiones cueste dar con restaurantes que sirvan comida pasadas las 21.00; de hecho, muchas cocinas cierran a esa hora, máxime los fines de semana.

Pagar la cuenta

Al aceptarse tarjetas en todas partes, el uso de efectivo en Copenhague es prácticamente una rareza. El personal de hostelería está bien remunerado y en general no espera que le dejen propina para compensar su salario. De cobrarse el servicio, aparecerá claramente especificado en la cuenta. Hay quienes dejan el 10 % (a poder ser en efectivo) si la atención ha sido excepcional.

Cómo se dice...

¿Me cobra, por favor? Kan jeg betale, tak?
¿Todo junto o por separado? Sammen eller adskilt?
¿Con efectivo o tarjeta? Kontanter eller kort?
¿Podemos dividir la cuenta? Kan vi dele regningen?

PRECIOS

Los indicadores usados se refieren al precio medio de una comida con un plato principal.

€ hasta 125 DKK
€€ entre 125 y 250 DKK
€€€ más de 250 DKK

HORARIOS

Cafés
8.00-17.00 o 18.00
Restaurantes
12.00-22.00 o 23.00
Supermercados
8.00-21.30 (algunos 24 h)

Salir

Discotecas

Muchas salas abiertas hasta las tantas ofrecen de todo, desde noches de *techno* a *dance* comercial. Culture Box tiene un equipo de sonido con unos graves brutales. Para algo más *indie*, está Rust. Varios bares se convierten en discoteca por la noche.

Cuándo salir El cotarro no se anima hasta la medianoche.

Música en directo

Siempre se programan conciertos, sobre todo de *jazz* y *blues*. Entre las salas de grupos *indie* figura Rust; dos apuestas para oír *jazz* son la Jazzhus Montmartre y el **Christiania Jazz Club** (p. 99).

Bares Hay multitud de sitios abiertos hasta tarde. La oferta comprende desde bodegas cargadas de humo a sofisticadas coctelerías. Normalmente, los bares no cierran hasta las 4.00 o 6.00. La ciudad presume de una larga tradición de tragos de elaboración artesana; hay montones de lugares donde disfrutar de una cerveza o de un vino natural.

CUÁNTO CUESTA

'Hot dog' 40 DKK

Pieza de bollería 30 DKK

'Smørrebrød' 110 DKK

Chupito de aguardiente 30 DKK

BMO (panecillo de centeno con mantequilla y queso) 35 DKK

Bolsa de regaliz 20-30 DKK

'Flødeboller' (merengue recubierto de chocolate) 30 DKK

DEN ROZHNOVSKY/SHUTTERSTOCK ©

Comunidad LGTBIQ+

Hospitalaria e inclusiva, Copenhague cuenta con bares de ambiente aglutinados en la zona centro. El Orgullo, celebrado cada dos años, es una cita multitudinaria.

Barrios LGTBIQ+

Studiestræde El Barrio Latino acapara la mayor parte de los bares LGTBIQ+, entre ellos Kiss Kiss, Men's Bar y Centre Stage, con especial énfasis en las canciones de musicales. Algunos de los locales con más solera llevan abiertos desde hace más de un siglo, lo que testimonia el enorme arraigo de este colectivo.

Vesterbro Antes vanguardista, ahora de moda, aquí se encontrará un abanico de bares y clubes que apuntan a una parroquia de lo más diversa. Y es que esta zona de la ciudad concentra –cada dos años– las celebraciones del Orgullo, con escenarios y el tradicional desfile.

Ciudad Libre de Christiania Apostando por los estilos de vida alternativos desde hace más de 50 años, esta comuna representa un espacio de acogida para las personas LGTBIQ+.

IMPRESCINDIBLE

Según el día de la semana

Martes Eventos en Boessehuset.
Miércoles Cultura lesbiana en Vela Gay Club.
Jueves De copas en Oscar's.
Viernes Unas cervezas en Centre Stage CPH.
Sábado Música *dance* en Never Mind.

NITO /SHUTTERSTOCK ©

EVENTOS

Orgullo de Copenhague Tanto en verano (ago) como en invierno (feb), con fiestas, talleres y actos adecuados para familias, además del desfile del sábado, parrandas callejeras y escenarios. **MIX CPH** Festival de cine en octubre.

CIRCUITOS LGTBIQ+

El historiador danés Bjarne Henrik Lundis encabeza circuitos de 2 h (con salida en Regnbuepladsen) que repasan acontecimientos señeros de la comunidad.

Recursos

● **copenhagenpride.dk** Información sobre la mayor fiesta del Orgullo en Escandinavia, incluidos desfiles, conciertos y fiestas de la diversidad. ● **lgbt.dk** Web oficial de la organización LGTBIQ+ danesa de mayor tradición, dedicada a velar por la igualdad, los derechos y el apoyo a la comunidad LGTBIQ+.

Salud y seguridad

Por más eficiente que sea el sistema sanitario danés, siempre es útil contratar un seguro de viaje. Copenhague es una ciudad muy segura en la que prácticamente no se registran delitos menores.

AGUA DEL GRIFO

Es potable y sabe bien, lo que la convierte en una excelente alternativa al agua embotellada. Llevar una botella y rellenarla permite ahorrar algo de dinero, además de reducir el impacto medioambiental. Eso sí, hay que tener presente que algunos restaurantes cobran por el agua del grifo.

Seguro de viaje

Los ciudadanos de la UE pueden solicitar en línea la Tarjeta Sanitaria Europea (TSA), que da derecho a recibir atenciones sanitarias necesarias –en su mayoría gratuitas–, salvo que se trate de una urgencia o implique la repatriación del viajero al país de origen. Los ciudadanos no comunitarios deberían informarse de si su país tiene un convenio de reciprocidad en materia sanitaria con Dinamarca. Siempre se aconseja contratar un seguro que incluya, p. ej., un accidente que precise un vuelo de emergencia de vuelta a casa.

Montar en bici ebrio

Desaconsejable, peligroso y prohibido: se sanciona con multas de hasta 1500 DKK.

A TENER EN CUENTA

Precauciones
Atar las bicicletas con candados.

Alcohol
En las tiendas solo pueden comprar cerveza/vino los mayores de 16 años; en los bares, los mayores de edad.

Marihuana
Están prohibidos tanto el consumo y posesión de cannabis como su venta y cultivo.

Drogas

Pese la reputación liberal de Dinamarca, la ley prohíbe el consumo de drogas. La posesión de drogas (aunque sea para consumo personal) puede castigarse con multas e incluso penas de cárcel (de mayor duración en el caso del tráfico de drogas). En el 2004 dejó de estar permitida la venta de marihuana en la calle Pusher de Christiania.

— FARMACIAS —

Las hay por toda la ciudad y se identifican por el letrero *"Apotek"*. Steno Apotek, abierta las 24 h, está en Vesterbrogade 6C, cerca de la estación Central.

149

Turismo responsable

Se pueden seguir estas indicaciones para dejar una huella menor, apoyando al mismo tiempo a los comercios locales y teniendo un impacto positivo en la comunidad.

Bañarse

No hay que bañarse fuera de las zonas designadas del puerto ni en aquellas delimitadas por medio de boyas. Copenhague es famosa por las aguas limpias de sus canales y hay muchos lugares donde bañarse de manera segura. Aventurarse más allá de las zonas acotadas entraña riesgos debido al tráfico marítimo; quienes lo hagan pueden ser multados. También está prohibido (y es imprudente) zambullirse desde los puentes de la ciudad.

Máquinas de envases retornables

Copenhague cuenta con máquinas que aceptan botellas y latas retornables en las que, tras escanear el código de barras, se obtiene el importe correspondiente al depósito de cada envase.

IMPRESCINDIBLE

Sugerencia

Alojarse en establecimientos acreditados con el certificado ecológico: mucho más sostenibles y con menor impacto en las comunidades locales que los apartamentos de alquiler.

Moverse en bicicleta

Con 382 km de carriles-bici, Copenhague es perfecta para montar en bicicleta y hay muchos sitios para atar las bicis. Allá donde la falta de espacio no permita crear un carril separado, se ponen los medios para ralentizar el tráfico y que prime la seguridad de los ciclistas. Para más información sobre este medio de transporte, véase *Cómo desplazarse* (p. 27).

DESDE LA IZDA.: JORRISG/SHUTTERSTOCK ©, DESIGNE.OLEKSANDR/ SHUTTERSTOCK ©

Recursos

● **carbonneutralcities.org/cities/copenhagen** Explica las vicisitudes de la capital para ser neutra en carbono en el 2025. ● **toogoodtogo.com** *App* que trata de reducir el desperdicio de alimentos.

TIENDAS DE SEGUNDA MANO

En la ciudad hay varias tiendas *vintage* de primera, incluidas **Bye Bye Love** (p. 141), **Wilde Shop** (p. 87), **Reseller**, y **Prag** (p. 141); no hay que perderse el fabuloso mercadillo de **Frederiksberg Loppetorv** (p. 137).

Proyectos ecológicos

CopenPay es un programa lanzado en Copenhague en el 2024 que premia a los turistas que contribuyan con el medio ambiente mediante iniciativas como reciclar o moverse en bici. Entre las recompensas se incluyen visitas guiadas a museos, café gratis e incluso una invitación para almorzar a quienes echen una mano en un huerto ecológico.

Green Kayak es una iniciativa ideada por Kayak Republic, consistente en ofrecer 2 h de alquiler de kayak gratis (para dos personas) durante las cuales habrá que reunir tantos plásticos como sea posible, documentando la labor con fotos y vídeos publicados en alguna red social propia.

AGUA DEL GRIFO
Vale la pena llevar una botella y rellenarla en alguna de las más de 60 fuentes desperdigadas por la ciudad; este código QR indica donde se ubican (en inglés).

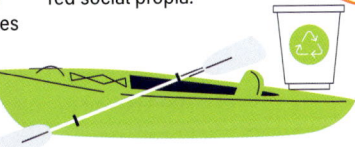

El cambio climático y los viajes
Es imposible ignorar el impacto de nuestros viajes y la importancia de hacer cambios. Lonely Planet anima a todos los viajeros a involucrarse en su huella de carbono. Muchas webs de líneas aéreas y sitios de reservas ofrecen la opción de compensar el impacto de los gases de efecto invernadero realizando donaciones para iniciativas respetuosas con el clima en todo el mundo.

La **calculadora de la huella de carbono de la ONU** muestra el impacto de los vuelos en las emisiones.

La **calculadora de emisiones de carbono de la OACI** permite calcular el CO_2 generado en un viaje determinado.

Accesibilidad

Transporte público

El metro, los "autobuses del puerto" y los buses son accesibles en silla de ruedas. Todas las estaciones del S-tog tienen ascensores o accesos sin bordillos (si se necesitara ayuda, debe solicitarse con antelación). En el aeropuerto dispensan cordones verdes con girasoles: un distintivo que permite al personal del propio aeropuerto identificar a las personas con discapacidades invisibles.

Atracciones

Entre los principales puntos de interés que presentan buena accesibilidad con silla de ruedas figuran el Tivoli y el palacio de Christiansborg. El Museo Nacional de Dinamarca facilita audioguías, muy útiles para viajeros con deficiencia visual.

Taxis

En Copenhague, los taxis no cobran por llevar sillas de ruedas plegables. En el caso de las sillas eléctricas, hay que llamar con antelación para reservar. Taxi Denmark (taxidenmark.com/taxi-with-accessible-wheelchair/) ofrece vehículos con rampa y conductores acreditados.

ALOJAMIENTO

Para mayor confort, lo ideal es reservar un hotel más nuevo; Wonderful Copenhagen (visitcopenhagen.com) tiene una relación de hoteles accesibles. Encontrar un Airbnb con ascensor es bastante complicado.

IMPRESCINDIBLE

En los **Jardines del Tivoli** (p. 37), los visitantes con discapacidades pueden llevar un asistente gratis. El acceso a las atracciones es complicado, pero se puede disfrutar de los espectáculos, los jardines y el acuario (con ascensor). Hay tarjetas que rezan *"show consideration"* ("tenga paciencia"): un recurso dirigido a las personas con autismo, para que tengan prioridad en las colas de las atracciones. Se puede tomar prestada una silla de ruedas llamando previamente. Hay bucles de inducción auditiva en el auditorio del Tivoli, el teatro Glass Hall y el "Cofre volador".

'ACCESS DENMARK'

Access Denmark permite buscar hoteles, atracciones y demás instalaciones accesibles acreditados con el **Accessibility Label Scheme** (godadgang.dk). Copenhague ha de escribirse con la grafía danesa, es decir, "København".

Recursos

● visitcopenhagen.com/copenhagen/planning/accessible-copenhagen-guide-disabled-travelers Dispensa información sobre accesibilidad. ● visitdenmark.com El servicio nacional de turismo tiene enlaces a medios de transporte, puntos de interés y consejos prácticos.

Lo esencial

Horarios

Los horarios varían según la temporada y la ubicación (centro urbano o periferia).

Bancos 10.00-16.00 lu-vi (hasta 17.30 o 18.00 ju)

Bares 16.00-24.00, hasta 2.00 fines de semana, a veces 6.00

Tiendas 10.00 o 11.00-18.00 lu-vi, hasta 16.00 sa, algunas también do

Cafés 8.00-17.00 o 18.00

Restaurantes 12.00-22.00 o 23.00

Supermercados 8.00-21.00 o 22.00 (algunos desde 7.00; varios las 24 h)

Åben
Abierto
Lukket
Cerrado

A TENER EN CUENTA

Hora local
Horario de Europa Central (GMT/UTC +1 h)

Prefijo de país
+45

Emergencias
112

Población
3,18 millones de hab.

ELECTRICIDAD
230V/50Hz

Tipo E

Fiestas oficiales

Los bancos y la mayoría de los comercios cierran los festivos; el transporte, en general, reduce el servicio.

Año Nuevo (Nytårsdag) 1 de enero

Jueves Santo (Skærtorsdag) Marzo/abril

Viernes Santo (Langfredag) Marzo/abril

Domingo de Pascua (Påskedag) Marzo/abril

Lunes de Pascua (Anden Påskedag) Marzo/abril

Día de la Ascensión (Kristi Himmelfartsdag) Sexto jueves después de Pascua

Pentecostés (Pinsedag) Séptimo domingo después de Pascua

Lunes de Pentecostés (Pinsedag) Séptimo lunes después de Pascua

Día de la Constitución (Grundlovsdag) 5 de junio

Nochebuena (Juleaften) 24 de diciembre (desde 12.00)

Navidad (Juledag) 25 de diciembre

Día de San Esteban (Anden Juledag) 26 de diciembre

Fumar

Por sorprendente que parezca, los daneses son fumadores empedernidos, pero está prohibido fumar en restaurantes, bares y clubes (también en andenes de estaciones), salvo en los bares de menos de 40 m² que no sirvan comida. Se puede encender un cigarrillo en las terrazas de bares y restaurantes. Los hoteles establecen su propia política, pero en general no se permite fumar.

Idioma

Vocabulario básico

Hola.
Goddag.

Adiós.
Farvel.

Sí./No.
Ja./Nej.

Por favor.
Vær så venlig.

Gracias.
Tak.

De nada.
Selv tak.

Disculpe.
Undskyld mig.

Perdone.
Undskyld.

 Expresiones sencillas

¿Habla inglés? Taler de/du engelsk?

No entiendo. Jeg forstår ikke.

¿Qué recomienda? Hvad anbefaler de/du?

¿Tienen comida vegetariana? Har I vegetarmad?

¡Salud! Skål!

Quisiera (la)..., por favor. Jeg vil gerne have ... , tak

cuenta regningen

Estoy buscando... Jeg leder efter ...

¿Cuánto cuesta esto? Hvor meget koster det?

EMERGENCIAS
¡Socorro! Hjælp!
¡Váyase! Gå væk!
¡Llame...! Ring efter...!
a un médico
en læge
a la policía politiet
¡Es una emergencia! Det er
et nødstilfælde!

Números

1
en

2
to

3
tre

4
fire

5
fem

La jerga local

Hej ("hola"; pronunciado como *hi* en inglés) no plantea especial dificultad. Pero si se dice dos veces seguidas (**hej hej**) se convertirá en una manera informal de despedirse. Hay varias formas de decir "de nada": **selv tak** (literalmente "gracias a ti también") y **det var så lidt,** algo así como "no hay de qué". **Vær så venlig** equivale a "por favor", pero se emplea mucho menos que en otros idiomas. **Undskyld** vendría a ser "disculpa". Y **hygge** es el término comodín danés utilizado para referirse a un momento o situación agradable o de felicidad, y que *grosso modo* puede traducirse como "cálido" o "acogedor". Son muchas las cosas que para los daneses encajan en la etiqueta de *hygge*.

Letreros

Indgang Entrada

Udgang Salida

Åben Abierto

Lukket Cerrado

Ledige værelser Habitaciones disponibles

Varm Caliente

Kold Frío

Acento prosódico

En danés, la fuerza de voz suele recaer en la primera sílaba de la palabra. En las palabras compuestas a veces se acentúa más de una sílaba.

──── **Transporte e indicaciones** ────

¿Dónde está el/la...? **Hvor er ...?**

¿Cuál es la dirección? **Hvad er adressen?**

¿Cómo puedo llegar hasta allí?

Hvordan kommer jeg derhen?

Lléveme a (dirección concreta), por favor.

Vær venlig at køre mig til (denne adresse).

Pare aquí, por favor. **Venligst stop her.**

6

seks

7

syv

8

otte

9

ni

10

ti

Índice

Puntos de interés 000
Págs. de planos **000**

Véanse también los subíndices:

 Comer p. 158

Beber p. 159

Comprar p. 159

Comer

Beber

Comprar

La opinión del lector

Nos encanta escuchar a los viajeros, ya que con sus comentarios nos ayudan a mejorar nuestros libros. Podéis escribirnos a lonelyplanet.com/contact; leemos todos los mensajes y garantizamos que estos lleguen a los autores.

Nota: Es posible que algunos fragmentos de estos mensajes aparezcan en nuevas ediciones de las guías Lonely Planet, en la web o en productos digitales. Si preferís que vuestro contenido o nombre no sean publicados, por favor, indicadlo claramente. Para obtener una copia de nuestra política de privacidad, podéis visitar lonelyplanet.com/legal.

geoPlaneta
Av. Diagonal 662-664, 08034 Barcelona
www.geoplaneta.com – www.lonelyplanet.es
Lonely Planet Global Limited
Lonely Planet Global Limited, Digital Depot,
The Digital Hub, Dublín D08 TCV4, Irlanda
www.lonelyplanet.com
Contacta con Lonely Planet en: lonelyplanet.com/contact

Copenhague de cerca
5ª edición en español – octubre del 2025
Traducción de *Pocket Copenhagen, 7ª edición* – julio del 2025
© Lonely Planet Global Limited
1ª edición en español – junio del 2011

Editorial Planeta, S.A.
Av. Diagonal 662-664, 7º. 08034 Barcelona (España)
Con la autorización para la edición en español de Lonely Planet Global Limited, Digital Depot,
The Digital Hub, Dublín, D08 TCV4, Irlanda

© Textos y mapas: Lonely Planet, 2025
© Fotografías: según se relaciona en cada imagen, 2025
© Edición en español: Editorial Planeta, S.A., 2025
© Por la traducción del texto: Jorge García, 2025

ISBN: 978-84-08-30548-4
Depósito legal: B. 6.906-2025
Impresión y encuadernación: Unigraf
Printed in Spain – Impreso en España